# 4D 포디프레임
## FOUR

상상력을 키우는 유연성의 세계

| 박호걸 지음 |

StarRich
Books

# 포디프레임

1쇄  2018년 9월 7일
2쇄  2019년 2월 25일

**지은이**  박호걸
**펴낸이**  김광열
**펴낸곳**  (주)스타리치북스

**출판총괄**  이혜숙
**출판책임**  권대홍
**책임편집**  한수지
**출판진행**  황유리
**편집교정**  김영희
**본문편집**  안소연
**홍보영업**  강용구

**등록**  2013년 6월 12일 제2013-000172호
**주소**  서울시 강남구 강남대로62길 3 한진빌딩 3~8층
**전화**  02-6969-8903

**스타리치북스 페이스북**  www.facebook.com/starrichbooks
**스타리치북스 블로그**  blog.naver.com/books_han
**홈페이지**  www.starrichbooks.co.kr

값 18,000원
ISBN 979-11-85982-54-0  13190

# 머리말

    강원도 산골에서 태어난 나는 자연과 벗하며 뛰어놀았다. 그러면서 어느 순간에 돌멩이가 놀잇감이 되고, 들과 개울이 놀이터가 되었다. 나무와 흙과 수수깡으로 만드는 것을 좋아했고, 재미있어했고, 행복감을 느꼈다. 그러면서 이러한 생활을 평생 하면 얼마나 좋을까 생각했다.

    어렸을 때 좋아하던 일을 업으로 삼아 작은 모형부터 시작하여 커다란 건축물과 복잡한 자동차 모형도 만들었지만, 그중에서 특히 경주 안압지, 불국사, 황룡사, 익산 미륵사, 천안 독립기념관 등 한국의 고건축 모형을 많이 만들었다. 1987년 경복궁 모형을 만들 때, 우리나라 건축은 못을 쓰지 않는 맞춤구조로 되어 있으며 그 안에 건축술뿐만 아니라 수학, 과학, 예술이 담겨 있는 것을 알게 되면서 '이런 것들을 어떻게 하면 아이들한테 알려줄 수 있을까'를 고민했다. 모형을 만들었던 나는 완성품보다는 이러한 건축물이 탄생하기까지의 과정을 아이들에게 알려주고 싶었던 것이다. 아이들이 처음에 모형만 보고는 잘 이해하지 못했지만 함께 만들면서 굉장히 즐거워하고 재미있어하는 모습을 보고 나는 확신을 가졌다.

2000년 초, 4D프레임을 처음 만들기 시작할 때에는 4D프레임의 교육적 활용에 대한 방법을 잘 몰랐지만, 유아교육을 전공하고 유치원 원장을 지낸 아내와 함께 경험을 살려 교육 프로그램을 개발하기 시작했다. 당시에 많은 사람이 "빨대로 뭘 하겠느냐, 한국에서 성공하려면 아파트를 사고 땅도 사고 부동산에 투자해야지"라고 할 때는 많이 아쉬웠었다. 그러나 당장 눈에 보이는 것보다, 보이지 않지만 숨어 있는 교육적 가치를 알기에 4D프레임 교구를 개발하는 일을 멈추지 않았다. 그 시절 은행과 투자사 등을 돌아다니며 사업을 설명하고 투자를 유치하려 했지만 유형의 자산을 담보하기만 바랄 뿐 4D프레임만의 가치를 알아주는 사람을 만나지 못했었다.

그러던 중에 국립중앙과학관의 조청원 관장님을 알게 되었다. 당시에 조청원 관장님은 과학관에 수학체험관을 만드는 일을 하셨고 이곳에 우리의 콘텐츠를 응모했는데 선정되었다. 그해 여름에 오스트리아 대통령 부부가 한국을 방문했을 때, 마르기트 피셔(Margit Fischer) 영부인이 국립중앙과학관에 있는 4D프레임을 오스트리아 빈으로 가져가게 되었다. 또 그해 겨울, 조청원 관장님이 유럽(오스트리아, 영국, 스웨덴) 과학관들과 교류를 시작하면서 우리를 한국 대표로서 발표할 수 있도록 소개해주셨다. 이렇게 시작한 4D프레임은 이제 전 세계 25개국에 진출하게 되었다.

나는 이 책을 통해서 내가 지금까지 걸어온 과정에서 얻은 작은 것 단하나라도 독자와 나누고 싶다. 나는 지금껏 타인과 경쟁하지 않고 나 자신의 행복을 선택하고 추구하며 살아왔다. 중학교를 졸업하고 내가 좋아하는 일을 하고 싶어서 그때에는 고등학교를 가지 않았다. 이렇게 순서를 바꾸는 일을 주저하지 않은 것에 지금도 후회하지 않는다. 그리고 일을 하다 보니 공부의 필요성을 깨달았고, 주말과 야간에 학교를 다녔다. 순서가 바뀌더라도 천천히 자신이 하고 싶은 일을 발견하고 행복감을 느끼며, 그러는 동안 삶의 의미를 찾아가는 것이 나에게는 중요했다. 나는 지금 나의 행복을, 좋았던 경험들을 공유하고자 한다. 단 한 분이라도 이 책에서 삶의 의미를 찾을 수 있으면 좋겠다.

지금까지 새벽마다 늘 기도해주시는 어머니 황춘자, 못난 사위를 믿어주신 장인 양동길, 장모 김춘자, 부족한 가운데에서 살림도 잘 키워주고 경영을 맡고 있는 아내 양효숙 대표, 기꺼이 4D프레임의 첫 시험 사용자가 되어주었던 세 아들 하늘, 하종, 하준에게 감사한다. 무엇보다도 불철주야 4D프레임과 함께해준 연구원들, 동료들과 그 외에 일일이 열거하기 힘들지만 도와주신 많은 분께 감사 말씀을 드리고 싶다. 마지막으로 저자의 부족한 원고를 전문성으로 채워주신 스타리치북스 김광열 대표님 이하 담당자님들께 진심으로 감사드린다. 이전에는 불가능했던 일들이 주변 사람들과 교류하면서 하나씩 하나씩 이루어지고 있다. 4D프레임은 이제 한국뿐만 아니라 전 세계에 진출하고 있다. 이제 우리나라는 4D프레임의 종주국으로서 전세계 4D프레임 애호가들이 방문하여 체험하고 즐길 수 있는 4D프레임 교육 전시 체험관을 준비하고 있다. 4D프레임을 아는 많은 사람이 더 행복한 세상을 누리기를 기원한다.

2018. 08. 16. 박호걸, 포디수리과학창의연구소에서

# Contents

# 01

## 추천사

상상의 물건, 자연의 현상, 고대 및 현대 구조물을 단번에 만들어내는 21세기 연금술사가 있습니다. 그는 클라인 병(Klein bottle)의 안팎을 한눈에 볼 수 있게 해서 학생들이 기하학을 쉽게 이해하게 도와주었습니다. 유전자의 구조, DNA의 꼬인 염기서열의 모양을 볼 수 있게 해서 생명공학의 문을 열어주었습니다. 풍력발전의 원리를 눈으로 확인시켜주어서 신재생에너지의 이용 확대에 이바지하였습니다. 겉모양과 보이지 않는 내부가 공존하는 사물도 투시하여 볼 수 있게 해주는 장인입니다. 마치 망원경과 현미경을 우리의 눈에 장착해주는 최첨단 의사라고 말할 수 있습니다. 진리를 탐구하고 원리를 발견하려면 안과 밖을 한꺼번에 보아야만 한다고 합니다.

박호걸 소장은 20여 년 전에 레이저 조각기를 활용해서 모형을 만들기 시작했던 과학기술자입니다. 밀레니엄 시기에 이미 제4차 산업혁명과 미래의 공간적 변혁을 예견하였습니다.

처음에는 미적분적 개념인 블록형 쌓기와 유아기를 거치면서 익숙하게 만들었던 수수깡을 연구하였다고 합니다. 그다음에는 레고 작업의 한계를 넘어서 선형대수학과 벡터적 개념을 접목했습니다. 박 소장은 수학을 알기 쉽게 이해하여 응용수학의 지평을 무한히 넓힐 수는 없을까 고심하였습니다. 이 세상 사물을 단순히 보아 넘기지 않고, 항상 내면의 세계를 관찰하여 형상화하였습니다. 빛의 굴절과 내부를 꿰뚫어보는 투시안의 세계를 실현하여 세계를 놀라게 하였습니다. 사람들은 박 소장이 발명한 수학적 창안품을 '4D프레임'이라 부르고 있습니다.

그를 보면 창의, 상상, 협력, 발명, 연구, 스토리텔링, 노벨상이 키워드로 떠오릅니다. 교육의 최선진국이라고 불리는 스웨덴과 핀란드에서는 4D연구협회가 결성된 지 5년이 되었습니다. 스웨덴 스톡홀름에 있는 국립과학기술박물관의 레고 전시관이 4D관으로 바뀌었습니다.

4D는 오스트리아, 중국, 미국, 뉴질랜드, 사우디아라비아, 일본 등지에서 학교 교구가 되었습니다. 수학의 세계는 국경이 없어서 전 세계 청소년과 교사를 이어주는 역할을 합니다. 국제수리과학창의대회를 개최하면서 4D프레임의 창시자로 기네스북에 오를 정도에 이르렀습니다.

앞으로 제5차 산업혁명을 열어나가는 박호걸 소장의 꿈이 이루어지기를 응원합니다.

조청원
서울과학기술대학교 교수

# 02

## 추천사

25년간 예비 교사들에게 교육자의 길을 가도록 가르치면서도 항상 '이렇게 똑똑한 선생님들이 왜 창의적인 아이들을 길러내지 못할까?'라는 고민을 하던 중에 박호걸 소장님을 만나게 되었습니다. 그는 내가 만나본 사람 가운데 가장 창의적이었는데, 그 이유 중 하나는 기존의 교육방식에 익숙하지 않고 스스로 배움의 길을 개척했기 때문이라는 것을 나중에 알게 되었습니다.

그는 중졸 학력을 부끄러워하지 않았습니다. 오히려 가방끈이 길어도 진정한 배움의 경험을 하지 못한 채 자신의 인생을 낭비하는 사람들이 너무나 많습니다. 지식보다 지혜가 필요한 요즈음, 자신의 부족함을 알고 이를 채우려고 끊임없이 노력을 기울이는 박호걸 소장님에게서 나는 진정한 창의 인재의 모델을 보게 되었습니다.

그가 겪은 힘든 과거는 그에게 남이 가지 않은 길을 가는 기회를 주었습니다. 그 길은 비록 힘들었지만, 오늘날 박호걸 소장님을 더욱 단단하게 만들어준 거름이었습니다. 그래서 그는 지나온 과거에 대해서는 좋은 기억만을 간직하고 있습니다. 이런 긍정의 힘, 자신의 재능에 대한 믿음과 열정, 다른 사람들, 특히 어린아이들에게 자신이 깨달은 소중한 보물을 전달해주고 싶어 하는 열망이 모여서 안전하면서도 아이들에게 창의성을 길러줄 수 있는 4D프레임이라는 보석을 만들어낸 것이라 생각합니다.

안타까운 것은 이 보석을 우리나라 교육자들보다 외국 학자들이 먼저 알아보고 보급하려고 노력한다는 점입니다. 이는 우리나라 교육전문가들의 무지에서 나온 문제라고 생각합니다. 그들은 스스로 주관을 가지고 가치 있는 것을 판단하지 못하고 그저 외국 학자들이 좋다고 해야 좋은 줄 알고 흉내를 내는 것입니다. 이런 교육자들이 교육계를 차지하고 있는 한, 우리나라 미래 인재들을 창의적으로 성장시킬 기회를 잃어버리게 될까봐 안타깝습니다.

나는 과학을 가르치는 방법에 관해 오랫동안 연구했지만, 학교에서는 자연을 바라보지 않고 그저 인공적인 실험 상황에서 이미 답이 정해져 있는 결과만을 바라보고 기억하도록 주입하는 교육방식에서 벗어나지 못하는 현실이 안타까웠습니다. 많은 교사가 학생들에게 진정한 자연은 변화무쌍하고 항상 새로우며 고정관념을 무너뜨린다는 것을 알려주려 하지 않고, 그저 이상적인 과학 개념이 진리인 것처럼 가르칩니다. 그 이유는 아마도 학생들이 그런 변화무쌍한 자연을 깨닫고 교사들에게 질문할 때 스스로 무지를 깨닫고 부끄러운 상황을 맞닥뜨리지 않으려는 필사의 노력일지도 모릅니다. 그러나 박호걸 소장님은 이렇게 말합니다.

"오히려 4D프레임을 만들어낸 나도 생각지 못한 창의적인 작품을 아이들이 만들 때 아이들의 창의력에 놀라고, 그들의 작품에서 나는 다시 배운다."

이러한 모습이 진정한 교육자의 모습이 아닐까 생각합니다. 자신이 아는 것만 가르치고 학생들이 이를 벗어난 질문을 하지 못하도록 막는 교육이야말로 하루빨리 사라져야 할 모습입니다.

이런 의미에서 4D프레임은 진정한 자연을 닮았으며, 학생들이 자연을 이해하기 위한 교구의 역할을 충실히 하고 있습니다. 진정한 교구는, 학생들이 자연에 한 발 더 다가갈 수 있도록 안내해주는 역할을 해야 합니다.

나는 외국에 갔다가 시계탑 기계의 정교한 장치를 보고 놀란 적이 있습니다. 많은 사람이 감동하기 때문에 거대한 시계탑은 관광 명소입니다. 그런데 그러한 정교한 기계를 만들기 전에 누군가는 숱한 시행착오와 숙련 과정을 거쳤을 것입니다. 4D프레임과 같이 부드러우면서도 쉽게 자르거나 붙일 수 있는 교구가 있다면 그러한 숙련 과정에 큰 도움을 줄 것입니다. 이것이 바로 4D프레임이 지니는 큰 장점이라고 생각합니다.

매우 정교하면서도 복잡한 구조물, 눈에 보이지 않지만 탄소 60개로 만들어진 버키볼(buckyball)이 있습니다. 나는 박호걸 소장님의 창의적인 결과물인 박구를 처음 보자마자 그것이 노벨상을 받은 화학 구조물인 버키볼인 줄 알았습니다. 너무나 멋지게 구현된 자연물의 신비로움을 그가 전혀 버키볼의 존재를 모른 채 만들었다는 사실이 신기했습니다. 이것이 진정한 4D프레임의 장점일 것입니다. 앞으로 무궁무진하게 아이들이 만들어낼 신기한 구조물 중 일부는 자연에 존재하는 새로운 물질로 발견될 수도 있을 것이라고 나는 상상해봅니다. 이러한 일들이 가능해지려면 4D프레임의 가치를 하루빨리 우리나라 교육계에 알릴 필요가 있습니다.

아이들은 놀아야 합니다. 그래야 창의적이면서도 건강하게 성장합니다. 그런데 우리나라 아이들은 놀면 남들과의 경쟁에서 뒤질까봐 놀지도 못합니다. 놀지 못하는 아이는 바보가 될 수밖에 없다는 것을 알지 못하는 어리석은 부모들 때문에 사교육이 팽창하고, 명문대학을 나와도 스스로 아무것도 할 줄 모르는 아이들이 만들어지는 모습에 걱정이 앞섭니다. 그들은 그저 안정된 직장에서 편안하게 사는 것이 목표이기 때문에 도전하지 않고, 공무원 시험 준비로 인생을 허비합니다. 요즘 젊은이들의 로망이 '건물주'라는 이야기는 우리나라 미래에 희망이 없다는 것을 말합니다.

이런 현실에서 거국적 기업인 레고와 4D프레임을 비교하는 사람들에게 4D의 가치를 모른다고 당당하게 화를 내는 박호걸 소장님의 자신감은 놀랍습니다. 그의 모습에서 레고와 같은 대기업에 입사하기 위해 스펙을 쌓는 젊은이들에게 주는 메시지의 가치를 우리는 알아야 합니다. 단 한 걸음을 나아가더라도 스스로 걸어간 것이 자신의 것이지, 남이 태워준 차를 타고 간다면 100리를 갔더라도 결국 아무것도 이루지 못한 것임을 우리는 그의 모습에서 깨닫게 됩니다.

그에게는 평생의 반려자이면서 든든한 후원자, 4D프레임이라는 기업을 함께 일군 양효숙 대표님이 항상 옆에 있습니다. 양 대표님의 헌신과 박호걸 소장님의 재능에 대한 신념과 사랑은 이들의 아름다운 성공의 원동력이라고 생각합니다. 두 분과 함께하는 많은 지인이 앞으로 우리나라의 교육 변화를 위해 힘을 합해주시기를 진심으로 기원합니다.

백성혜
교수, 한국교원대학교 융합교육연구소장

# 03

## 추천사

박호걸 소장님은 2005년 3월 5일 기독대안학교인 두레학교를 설립할 때 세 아들을 입학시키면서 학부모로 만나게 된 분입니다. 그때부터 지금 밀알두레학교까지 거의 13년 가까운 시간 동안 학부모와 교장으로서, 박호걸 소장님이 설립한 재단법인의 이사로서 인간적인 만남을 함께해오고 있습니다.

박 소장님은 내가 지금까지 만난 학부모님들 가운데 대안학교에 가장 잘 맞는 학부모님으로 꼽을 수 있을 정도입니다. 어쩌면 대안학교 교사들보다도 더 대안적인 생각을 하고 삶으로 살아가는 분이 아닐까 하는 생각이 듭니다.

소장님을 만나서 얘기를 듣다 보면 시간 가는 줄 모릅니다. 그리고 감탄을 하게 됩니다. '어떻게 저런 생각을 다 하셨지?', '창의력과 상상력이 정말 풍부한 분이시구나!' 하는 생각이 저절로 듭니다. 내가 박 소장님을 다른 분들에게 소개할 때마다 빠트리지 않고 하는 말이 '아이디어 뱅크'입니다. 그만큼 소장님은 아이디어가 샘솟듯 합니다.

소장님이 어떻게 해서 이렇게 상상력과 창의력이 뛰어나고 아이디어 뱅크라고 불리게 되었는지 소장님이 쓴 책 『4D프레임, 상상력을 키우는 유연성의 세계』 원고를 읽어보고 알 수 있었습니다. 다 자연에서 뒹굴고 놀고, 어머니의 옛날이야기를 들으며 상상의 나래를 펴던 어린 시절에서 길러진 것이었습니다.

이 책을 읽어 내려가는 동안 감동적인 영화 한 편을 보는 듯했습니다. 소장님이 시류를 좇아가지 않고 우직하게 한길을 걸어가려고 노력해왔던 부분에서는 존경하는 마음을 갖게 되었습니다. 확실히 남들과 다른 길을 걸어가려고 애를 썼고, 남들이 하라는 일보다 자신이 하고 싶은 일을 하려고 노력했기에 세계적인 수준의 학습 교구인 4D프레임이 만들어질 수 있었다고 생각합니다.

대안학교를 운영해오면서 나는 아이들에게 종종 다음과 같이 가르칩니다.

"너희들이 앞으로 인생을 살다 보면 항상 선택해야 하는 순간이 올 텐데 많은 사람이 선택하는 길과 남들이 잘 가지 않아 척박해 보이는 길이 있을 때, 너희들은 항상 후자를 선택해주길 바란다. 남들이 많이 가는 길로 가면 편하고 쉽지만 그만큼 보람이 없고, 남들이 잘 가지 않는 길을 가면 때로는 고생도 하고 땀방울도 많이 흘려야 하는 때도 있지만 그만큼 보람이 있다는 것을 알게 된단다. 나도 지금까지 그렇게 살아오려고 했고, 앞으로도 그렇게 살 것이니 너희들도 그렇게 살아주길 바란다."

아이들에게 이런 가르침을 줄 때 빼놓지 않고 예를 들어 소개할 수 있는 분이 박 소장님입니다. 소장님이 쓴 원고 중에 이런 부분이 있습니다.

"나는 일반 회사에 입사하는 걸 원치 않았다. 고등학교에 대한 미련이 없어서 혼자 다른 길을 걸었던 것처럼, 일반 회사라는 편안한 자리보다는

① 2009년 국제수리과학창의대회에 참가한 스웨덴 국립과학기술박물관 마리아나 백 관장이 4D프레임 구조물을 들고 있는 모습
② 두레학교 학생들이 4D프레임을 이용하여 놀이수학을 하고 있는 모습

나만의 새로운 길을 걸어보고 싶었다."

박호걸 소장님이 살아온 개척자적 삶의 모습은 우리가 대안학교에서 아이들에게 가르쳐주려는 모습과 너무나도 일치합니다. 나는 우리 학교에서 길러내는 아이들이 박호걸 소장님과 같은 삶을 살아주길 기대합니다.

2005년에 소장님을 만나면서 처음으로 4D프레임을 알게 되었는데, 아이들에게 창의력과 상상력을 길러주는 데는 4D프레임보다 더 좋은 교구는 없겠다고 느껴졌습니다. 그래서 4D프레임을 여러 선생님과 학부모님들에게 비록 한국에서는 홍보가 부족해서 많이 알려지지 않았지만 머지않아 유럽을 거쳐 미국으로, 미국에서 일본을 거쳐 다시 우리나라로 역수입되면서 우리나라에서도 주목받게 될 것이라고 말해왔습니다.

그렇게 말한 지 10년이 지나지 않아 벌써 유럽의 박물관에서는 4D프레임이 레고를 몰아내고 그 자리를 차지하는 일들이 일어났고, 4D프레임을 활용하는 수리과학창의대회가 이제는 국내대회를 넘어서서 세계적인 국제대회로 성장하게 되었습니다.

박 소장님이 걸어온 길은 한마디로 말하면 기적의 길입니다. 고난과 역경을 극복하면서도 흔들리거나 좌절하지 않고 우직하게 한길을 걸어와 성공하게 된 소장님께 박수와 경의를 보내드립니다.

4D프레임이 어떤 교구이며 아이들에게 상상력과 창의력을 길러주는 데 얼마나 좋은 교구인지 궁금한 분이나 아이들을 어떻게 키우는 것이 가장 바람직한지 고민되는 학부모님들과 선생님들은 꼭 읽어보기를 강하게 권합니다. 이 책에서 많은 지혜와 교훈을 얻게 될 것입니다.

정기원
밀알두레학교장, (사)한국대안교육기관연합회 이사장,
(사)밀알두레교육공동체 이사장, 서울장신대학교 외래 교수

# 추천사

2011년 박호걸(Ho Gul Park)을 처음 만났을 때, 나는 몇 년 뒤에 어떤 거대한 변화로 그에게 감사를 표할 수 있을지 알 수 없었습니다. 이 만남은 나를 관찰자에서 참여자 입장으로 전환한 과정이었고, 이는 가장 중요한 기폭제 중 하나였습니다. 그의 재능과 신뢰는 내가 학생 시절에 감수할 용기가 없어서 하지 못했던 일을 시작하게 했습니다. 나는 그에게서 생애 처음으로 '수학을 한다'는 것의 의미를 시도하기 위한 올바른 도구와 지원을 받았습니다.

그를 만나기 전, 확신을 주는 전문가(또는 스승)의 부재와 자신의 자신감과 확신이 부족했기 때문에 나는 수학에 관한 두려움과 걱정으로 생겨난 불확실성을 극복하려고 안간힘을 썼습니다.

박호걸에게 받은 그 도구는 4D프레임이라고 부릅니다. 이 도구의 특수성은 그 이름보다 실제로 그것에 특별한 점이 없다는 사실에 있습니다. 다양한 길이의 연결봉과 별 모양 연결 장치들은 손으로 만지는 느낌이나 무언가를 구성하기 위한 재능을 가져본 적이 없던 나를 격려하기에도 적당히 간단하고 친숙했습니다. 심지어 무슨 일이 일어나고 있는지도 알지 못한 채 4D프레임에 기반을 둔 분명하고 명쾌한 논리는 내가 어린 시절 매일 느꼈던 장기적인 집중을 위해 많은 시간을 요구하는 기계적인 운동이나 과제에 대한 두려움을 씻어냈습니다.

적합한 도구가 스스로 나타났을 뿐만 아니라 끈기 있는 전문가(또는 스승)들과 동료들도 나 스스로 기하학적 구조의 기초를 탐구하고 이해하는 것을 격려하고 지지하는 듯했습니다. 핀란드와 한국의 시간 차이에 신경 쓰지 않고, 우리는 매우 건설적이고 고무적인 영감을 주는 우리의 토의에 사진과 비디오를 공유하며 스카이프와 이메일로 대화를 계속했습니다.

서울에서 예루살렘까지, 헬싱키에서 케이프타운까지, 오스트리아에서 캐나다에 이르기까지 우리는 지난 몇 년간 짧은 공간 안에서 함께 지구 전체를 여행해왔습니다. 이것을 통해 박호걸의 기하학 학교에 다니는 사람들이 공간적인 면뿐만 아니라 시간과 문화적인 면에서도 확장될 것이라는 사실을 보여줍니다. 전통적인 한국의 건설 방법과 고대 기계적 구조에 포함된 독창적인 공학적 해결책으로 시작하여, 이러한 길은 테오 얀센(Theo Jansen)의 거대하고 복잡한 동적인 동상(조각상)부터 로봇, 드론, 미래에 닥치는 모든 혁신적인 것에 이르기까지 계속됩니다.

우리는 매일 매분 새로운 구조와 해결책을 만들어내는 바쁜 그에게 엄청난 양의 지식을 배울 수 있습니다. 하지만 수식으로도 대체할 수 없는 몇 가지 독특한 자질이 있습니다. 이러한 자질들은 겸손함, 무한한 근면함과 확고한 결의, 아이들에 대한 사랑입니다. 더 말할 필요도 없이 이런 자질을 배우는 데는 몇 년 넘게 걸립니다. 아마 평생이 걸릴지도 모르는 일인데, 이곳은 매일매일 시작되어야 하는 학교이기 때문입니다.

박호걸의 발자취를 따라가면서 이런 종류의 삶을 배울 수 있다는 것이 나의 신념입니다.

2018년 2월 26일, 핀란드의 로바니에미 외곽, 즉 북극에서

**크리스토프 페니베시**
교수, STEAM 교육 연구원, 브리지 기구 부회장,
체험 워크숍 수학-미술 운동(핀란드-헝가리) CEO

# 04 -02
## Apostille

When I first met Ho-Gul Park in 2011, I had no idea what significant changes I would be able to thank him for just a few years later. This meeting happened to be one of the most important catalysts in the process that turned me from an observer into a participant. It took Ho-Gul Park's gift and his trust for me to take the step I did not have the courage to take during my years as a student. It was from him that I received the right tool and support to try, for the first time in my life, what it means "to do mathematics." Before meeting Ho-Gul Park either the convincing master, or my own sense of confidence and conviction was missing as I struggled to conquer the uncertainties that arose from my fears and anxieties regarding mathematics.

The tool which I received from Ho-Gul Park is called the 4Dframe. Other than its name, this tool's specialness lies in the fact that there really is nothing special about it. The various lengths of tubes and star-shaped connecting units were simple enough and familiar enough to encourage me—who had never been known for possessing any sense of handiness or talent for construction—to take action. Without even being aware of what was happening, the clear and elegant logic which the 4DFrame is based upon swept away the fears I had always felt from childhood on every time I was presented with a mechanical exercise or tasks demanding an extended period of continuous concentration.

Not only did the right tool present itself, but patient masters and colleagues also appeared to support and encourage my own exploration and comprehension of geometry's basic foundation. Without a care for the difference in time between Finland and Korea, we continued and keep on continuing our conversations via Skype and email as we share the photos and videos that provide the illustrations to our highly constructive, inspiring discussions.

From Seoul to Jerusalem, Helsinki to Cape Town, Austria to Canada, we have traversed the entire globe together within the short space of the past few years. Let this demonstrate the fact that those who attend Ho-Gul Park's school of geometry will be expanded not only in spatial terms, but also according to the dimensions dictated by time and culture. Beginning with the ingenious engineering solutions contained in traditional, Korean construction methods and ancient mechanical structures, this path continues from Theo Jansen's monstrous and complex kinetic statues all the way to robots, drones and whatever innovation the future holds.

An enormous amount of knowledge can be learned from Ho-Gul Park, whose ever busy hands create new structures and new solutions in virtually every minute of the day. There are, however, a few qualities of unique worth that cannot be transposed into formulas: these qualities are modesty, an infinite sense of diligence, firm resolve and the love of children. Needless to say, it takes more than a few years to learn qualities such as these.

Perhaps it will take an entire lifetime, for this is a school that must be begun day after day. It is my conviction that this kind of life can also be learned while following in the footsteps of Ho-Gul Park.

February 26, 2018, on the outskirts of Rovaniemi-Finland, in other words, at the North Pole, to be exact Dr. Kristóf Fenyvesi

Researcher of STEAM Education
Vice-president of Bridges Organization CEO,
Experience Workshop Math-Art Movement (Finland-Hungary)

# 05

## 추천사

2009년 교육과학기술부 사무관 시절 처음 인연을 맺은 박호걸 소장님은 열정과 장인정신이 남다른 과학자 겸 크래프트맨이었습니다. 어떤 분야에서 일머리를 한번 잡으면 불도그처럼 놓지 않는 끈기와 배짱을 보여 반드시 끝을 보고야 마는, 포기를 모르는 성격의 소유자입니다.

요즘 유행하는 루키즘(lookism)이란 외관상 보이는 현상을 맹신하는 부조리한 신경증적·심리학적 증세인데, 이런 루키즘의 편견을 깨기 위해 노력하는 사람 가운데 한 명이 바로 4D프레임 연구소 박호걸 소장입니다. 그가 온 힘을 다해 개발한 4D프레임은 일종의 빨대를 이용한 창작예술 도구입니다.

현재 4D프레임을 이용한 수리과학창의대회가 작년만 해도 국내대회 10회, 국제대회 3회는 물론 25개국에 수출까지 해놓은 상태입니다. 단순한 빨대처럼 보이는 외관에 박 소장은 열정과 혼을 불어넣어 생동하는 유기

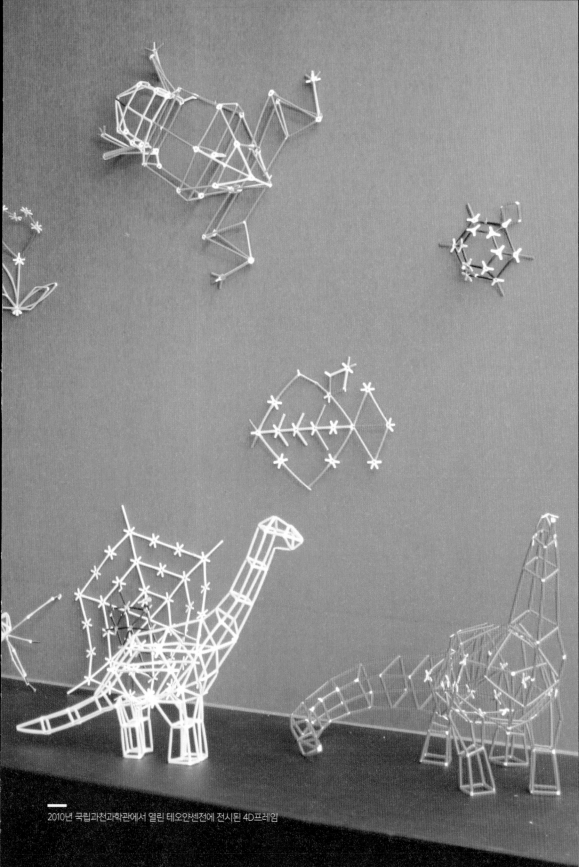

2010년 국립과천과학관에서 열린 테오얀센전에 전시된 4D프레임

체를 만들어냈고, 마침내 그의 노력이 하나의 결실을 보아 오스트리아와 스웨덴에선 레고 체험관을 밀어내고 4D프레임 체험관이 생겼습니다.

박 소장이 4D프레임을 찾는 곳이면 국내외나 밤낮을 가리지 않고 찾아가 땀을 흘리자 점차 편견이 깨져 과천과학관 내에도 4D체험관이 운영되고 있으며 이곳을 찾는 부모와 아이들의 발길이 끊이질 않고 있습니다.

경기도 구리시에 있는 5층 건물에 아내 양효숙 대표와 함께 전용 사무실을 차린 박 소장은 그간 월세로 마음 졸였던 시기를 떠올리며 깊은 안도의 한숨을 내쉬고 이제부터 본격 도약하겠다고 다짐했습니다. 이제 그에게는 새로운 목표가 생겼습니다. 4D프레임뿐만 아니라 국내외 융합 가능한 오픈 소스 및 다양한 채널과 제휴하여 메가 진화로 거듭나는 4D프레임이 세계를 놀라게 하는 교육 한류의 첨병이 되는 것입니다.

한글 창제를 전 세계에 반포한 긍지와 자부심을 바탕으로 우리가 개발해낸 4D프레임을 전 지구인이 감탄하는 대상으로 만드는 게 박 소장과 양 대표 부부의 최종 목표라며 수줍지만 당차게 소신을 밝혔습니다.

박문혁
(재)융합과학문화재단 이사,
생명의숲 전문위원, 서강학교 외래교수

# 06

## 추천사

언제부터인가 나는 늘 무엇인가를 만들고 있었다. 눈에 보인다는 것은 편안하고 문제에 쉽게 접근할 수 있기 때문이었던 것 같다. 학생들이 수학을 어렵게 생각하는 이유 가운데 하나는 눈에 보이지 않기 때문이다. 실제로 본 적도 없고, 생각해도 잘 떠오르지 않는 세계를 무작정 생각하라고 하니 어찌 좋아할 수 있겠는가? 특히 입체도형은 평면도형보다 훨씬 복잡하고 어렵게 느껴진다. 그러나 놀랍게도 대부분 학생은 2차원을 보면서 3차원을 생각하고, 실제 입체도형 없이 상상만으로 문제를 해결한다.

4D프레임과의 만남은 2004년 여름이었다. 그때 나는 제주제일중학교에서 근무했는데, 교직원 워크숍 중이었다. 진주로 이동하는 버스 안에서 박호걸 소장님의 전화를 받았다. 처음 통화였다. 학교에 교구 같은 것을 보냈다는 내용이었고, 그것을 잘 사용하면 아이들에게 도움이 될 것이라고 하셨다. 학교에 와서 거의 한 달간 잊고 있다가 우연히 보내준 상자를 열었

다. 검은색·빨간색 빨대가 가득했다. 3, 4, 5, 6, 8개의 발가락이 달린, 연결하는 뭔가가 있었는데 실망이 컸다. '이게 무슨 교구인가?' 상자를 그냥 덮었다.

그때 내가 사용하던 교구는 조노돔이었는데, 외국에서 만든 아주 정교하고 아름다운 교구였다. 조노돔을 사용하면 아주 아름다운 입체도형을 만들 수 있었다. 하지만 각도와 길이에 제한이 있었고, 잘못 다루면 연결 부위가 꺾어져서 다시 사용할 수 없었다. 대단히 멋있지만, 무척 비싼 교구였다.

두어 달 후 학교에 축제가 있었다. 아이들과 뭔가를 해보고 싶었는데, 예산이 없어서 마땅히 할 것이 없었고, 박 소장님은 전화를 가끔 걸어와 혹시 뭔가를 만들어보았느냐고 물어왔다. 만든 것이 별로 없다고 했는데, 이런저런 노하우를 이야기하시면서 계속 사용해보라고 하셨다. 마지못해 정다면체를 만들어보았다.

'어! 이거 장난이 아닌데?'

아주 정교하진 않았지만, 도깨비방망이로 만든 것처럼 순식간에 정다면체 5개가 만들어졌다. 우선 가벼웠다. 접착제가 필요 없어 안전했고, 여러 번 쓸 수 있었다. 적당한 탄력성이 있어서 만들 때의 느낌이 아주 좋았다. 정말로 쉽고 간단하게, 아주 짧은 시간에 원하는 다면체를 만들 수 있었다. 무엇보다 마음에 들었던 것은 가위로 자를 수 있다는 점이다. 그 덕분에 정해진 길이와 각도에서 벗어나 자유롭게 변형할 수 있었다. 칸토어의 말이 생각났다. '수학의 본질은 그 자유성에 있다.'

그렇게 4D프레임과 친해졌다. 여러 작품을 만들었고, 다양한 시도를 했다. 그중 개인적으로 가장 기억에 남는 것은 시에르핀스키(Sierpiński) 피라미드다.

커다란 구조물을 개인이 혼자 만들기는 몹시 어렵다. 한두 가지 수학적 원리로 만드는 것이기 때문에 구조물을 완성하는 것은 지겨운 노동이다. 계속되는 반복 때문에 많은 시간과 인내, 끈기가 있어야 한다. 순식간에 커지는 구조물이 주는 신비스러운 압도감 때문에 대여섯 아이들은 끝까지 만들고 싶어 한다.

2007년 제주 조천중학교에서 만들었던 피라미드가 기억에 남는다. 시험이 끝난 3학년 학생 30명과 함께 무려 한 달 동안 만들었다. 그 당시 6단계까지 만들었는데, 높이가 5.2m 정도 되었다. 제주도는 바람이 많이 불기 때문에 연결발로만 연결하면 바람에 견디지 못한다. 그래서 2차까지 만들면 낚싯줄로 연결했다.

아침 9시 30분경 시작했는데, 3단계까지는 그전에 교실에서 다 만들었고, 운동장에 나와서 4차 피라미드를 16개 만들고, 그것을 사용해 5차 피라미드를 4개 만들면 된다. 또다시 그 4개를 연결하기만 하면 완성이다. 그런데, 오후 4시가 되도록 마무리가 되지 않았다.

무엇이 문제였을까? 피라미드는 커질수록 세밀한 오차를 허락하지 않았다. 그럴수록 아이들에게는 서로를 향한 믿음과 격려, 대화가 필요했고, 전체를 관찰하는 힘이 필요했다. 하지만 아이들은 자주 부서지는 피라미드에 지쳐서 서로를 탓하며 싸우기도 했다. 바람은 차가웠고, 오후 늦게 설상가상 살짝 비가 내렸다. 그냥 포기하면 되는데 아이들은 그렇게 하지 않았다. 왜 그랬을까?

그 피라미드에는 조천중 거의 모든 학생의 소원이 쓰인 소원표가 달려 있었다. '할머니 다리 수술 잘되게 해주세요', '가고 싶은 고등학교에 합격하게 해주세요', '여자 친구 만들어주세요' 등등. "완성되면 아마 소원이 이루어지겠지"라고 웃으며 가볍게 이야기했는데, 아이들은 그 작은 소원을 놓칠 수가 없었다. 게다가 친구와 후배들이 교실 창문에 매달려 완성되기를 응원하면서 음악을 틀어주었다. 이 착한 아이들은 피라미드를 포기할 수가 없었다. 친구들의 간절하고 절박한 희망을 저버릴 수 없었을 수도 있겠다고 생각했다. 결국, 빗자루와 대형 사다리를 가지고 와서야 완성할 수 있었다. 그리고 딱 5초를 버티고 무너졌다. 아이들의 탄식이 컸다. 내일 다시 만들기로 하고 무너진 피라미드를 운동장에 두고 집으로 갔다.

그날 밤 어마어마한 비바람이 몰아쳤다. 집에 있는 나무가 바람에 뽑혀 나갈 것 같았고, 천둥과 번개가 요란하게 쳤다. 잠이 오질 않았다. 그렇다고 그 폭우 속에 학교에 가볼 수도 없었다. 아침 일찍 학교에 갔는데, 운동장에 있던 피라미드가 보이지 않았다. 아이들이 나보다 먼저 학교에 가서 나무에 걸린 피라미드를 조심스럽게 분해해서 학교 현관에 모아두었다. 그때 안타까워하던 아이들의 눈빛을 잊을 수 없다. 다시 만들어보자고 했더니 그만하겠다고 했다. 마음의 상처를 받은 것은 아닌지 걱정되었다.

다른 아이들이 해보고 싶다고 했다. 그 아이들도 역시 실패했다. 가장 멍청한 스승은 성공이요, 가장 현명한 스승은 실패라고 했다. 아이들은 이것을 만들면서 서로를 더 이해했다. 깔깔거리며 웃었고 많은 시간을 함께 보냈다. 서로를 배려했고 도와주었다. 실패한 것처럼 보였지만 문제가 무엇인지를 스스로 깨달았다. 이 이상 가는 배움을 어디에서 얻을까?

늘 최상의 교구가 필요한 것은 아니다. 어떻게 활용하느냐에 따라 전혀 쓸모없는 교구가 되기도 하고, 최고의 교구가 되기도 한다. 늘 쓰던 것을 사용해도 인상 쓰는 아이는 하나도 없었다. 나의 상자에는 아마 10년 전의 4D프레임도 있을 것이다. 때로는 역사가 최고의 교구가 될 수 있다.

교사는 여러 가지 교구를 동시에 사용할 수 있어야 한다고 생각한다. 컴퓨터도 교구이므로 컴퓨터를 사용해서 입체 자료를 보여주고, 크게 확대하거나 작게 축소도 시켜보고 회전도 시켜보자. 하지만 눈으로 본 것은 아이들 것이 아니다. 직접 만들면서 과정을 경험해보지 않으면 진정 아이들 것이 될 수 없다. 나는 4D프레임을 사용해서 아이들이 직접 만들어볼 다양한 기회를 주었다. 아니다. 그런 소중한 기회를 4D프레임이 나에게 주었다.

2004년, 한 번도 본 적 없는 나에게 전화를 걸어주신 박호걸 소장님께 이 자리를 빌려 고마움과 존경의 마음을 드린다.

김영관
제주특별자치도교육청 교육연구사

# 07

## 추천사

푸르른 시골 청년 같은 느낌의 박호걸 소장님과 가까이에서 함께한 지 8년이 되어갑니다. 전 세계 교육의 본보기로 꼽히는 북유럽 창의교육 방문을 같이 가면서 받았던 느낌은 지금도 잊을 수가 없습니다. 스웨덴 유수의 국립과학관에 한국의 교육 교구가 있다는 것도 놀라운데, 그 교구를 연구하고 그 교구로 학생들이 교육을 받는 현장은 창의성 교육을 하는 교사로서 우리나라의 창의성 교육에 가능성을 보여준 혁명과도 같은 4D프레임에 누군가 말한 것과 같이 경의를 표합니다.

어쩌면 '빨대'라는 친숙한 단어가 이 창의성 교구와 교육콘텐츠가 세계 창의성 교육 시장에 당당한 도전장이 되었다고 보입니다. 4D프레임은 시간이 지남에 따라 다양한 형태로 진보를 거듭하는, 살아 있는 교육 교구입니다. 하지만 그 근본 철학 '누구나 쉽게 사용할 수 있다'는 것은 새로운 버전이 개발되어도 항상 변화하지 않고 이를 발전시키는 온고지신(溫故知

新) 같은 교육철학이기도 합니다.

　　생각을 자유롭게 스케치하여 그 창의성을 배우는 기본 4D프레임에서 시대의 코딩 트렌드를 반영한 4D메카트로닉스까지 진보했습니다. 이에 머물지 않고, 세월호 내부 탐색에도 사용된 바가 있는 새롭게 개발된 4D드론에 이르는 영역까지 끝없이 성장하는 우리나라 대표적 글로벌 창의성 교육콘텐츠 회사로 우뚝 서기를 간절히 바랍니다.

　　무엇보다 고무적인 일은 모든 가족이 4D랜드 회사에 참가하고 있다는 점입니다. 특히 차세대 영재기업인의 자질이 있는 막내아들 박하준(미래산업과학고 발명경영과 3학년) 군은 이미 '4D토이'라는 회사를 설립하여 부모님 사업의 영역을 확장하여 창의성 교육 교구에서 유아나 어린이를 위한 장난감으로 또 다른 기업으로 성장시키고 있습니다. 선진국형 가족기업으로 계열화하여 가슴 설레는 일이 현실이 되고 있습니다.


　　해마다 대한민국에서 열리는 '국제수리과학창의성대회'에 자비로 참석하는 나라의 수가 매년 늘고 있습니다. 대한민국을 넘어 세계로 향하는 경이로운 4D랜드의 질주에 박수를 보냅니다.


신재경
미래산업과학고등학교 교사

# PART
# 01

**박호걸**의 삶과 인생

# 1장 언제나 미약한 시작이었다

# 만드는 것과의 인연

1960년대 초반, 내가 태어난 그 시절 우리는 가난했다. 나라가 가난했고, 국민이 가난했고, 우리 집이 가난했다. 가난은 너무나 당연한 일이었고, 가장 큰 소원이 쌀밥에 고깃국을 원 없이 먹는 거였다.

한국전쟁 당시 한국을 도와준 많은 나라가 우리보다 잘사는 나라였다. 지금은 우리보다 못사는 것이 너무나 당연하게 여겨지는 필리핀이나 아프리카의 많은 국가보다 더 못사는 우리나라였다.

도시의 삶은 그나마 나은 편이었다. 시골 마을이나 해안가, 벽촌의 가난은 혹독했다. 산골이나 바닷가 마을들은 하루하루 버텨내는 게 최대의 목표일 정도였다. 내가 나고 자란 강원도 산골의 가난은 더 혹독했다.

내가 태어난 곳이 바로 그 벽촌이었던 강원도 깊은 산골 마을이었다. 지금은 원주시에 편입되면서 도시의 꼴을 갖추었지만, 당시에는 강원도 원성군 신림면 금창리라 불리던 작은 산골 마을이었다. 인근 도시와 마을

필자의 고향 강원도 원주시 신림면 금창리
사진 속 표시가 1962~1971년, 초등학교 1학년 겨울방학까지 살았던 집이다.

엔 전기가 들어왔지만, 내가 살던 곳은 흐릿한 호롱불에 의지해야 할 만큼
고향 마을은 궁벽했다. 그곳에서 어린 시절의 대부분을 보냈다.

전기가 들어오지 않는다는 것은 많은 것을 포기하게 했다. 흐린 호롱불
에 쓸 기름을 아끼려고 벽과 벽 사이에 작은 구멍을 뚫고 그곳에 호롱불 하
나를 놓아두는 것으로 방 두 개를 모두 밝히던 시절이었다. 할 수 있는 대
부분의 일은 해가 떨어지기 전에 마쳐야 했고, 깊은 어둠이 내리기 전에 잠
자리에 들어야 했다. 고향이 치악산 자락에 있다 보니 하루해가 짧았다. 전
기도 없던 곳이라 어둠이 더 빨리 찾아왔다. 해만 떨어져도 칠흑 같은 어둠
에 휩싸였다.

못살고 가난한 산골 마을에서도 가장 못사는 집이 우리 집이었다. 변변
한 집 한 채 없던 우리를 위해 동네 사람들이 십시일반으로 지어준 작은 흙
집이 재산의 전부였다. 간신히 바람을 피할 정도의 집이었지만, 우리에겐

온 가족이 살을 맞대고 살 수 있는 유일한 보금자리였다. 하지만 겨울이면 방에서도 입김이 쏟아졌고, 머리맡 자리끼는 밤마다 꽁꽁 얼었다. 이불을 머리끝까지 뒤집어쓰고 누워 있어도 한기가 가시질 않아서 빨리 잠들려 해도 눈이 감기질 않았다. 하지만 그렇게 보낸 가난한 내 어린 시절은 지금 내게 가장 소중한 기억이 되고 있다.

쉽게 잠들지 못하는 우리를 위해 어머니는 밤마다 세상 이야기를 들려주었다. 오래전부터 전해오던 옛날이야기와 옛 조상들의 삶, 어머니의 추억들이 자장가가 되어 전해졌다. 우리는 그 이야기를 벗 삼아 잠들곤 했다. 집이 가난했기에 장난감을 살 돈은 당연히 없었고, 변변한 장난감이 있던 시절도 아니었다. 집 밖을 나서면 자연스레 만날 수 있는 돌멩이, 낙엽, 모래, 흙이 자연스러운 놀이의 대상이었다. 어둠이 내려앉으면 일렁이는 호롱불로 그림자 인형을 만들거나 어머니가 들려주시는 옛날이야기에 상상력을 더해 나만의 이야기를 만들어내곤 했다.

그래도 잠이 오지 않는 날이면 앞이 보이지 않지만 그래도 언젠간 찾아올 나의 미래와 내가 하고 싶은 일들을 생각했다. 이 추위와 가난에서 벗어나는 방법을 고민했고, 아이답게 좀 더 재미있게 놀려는 궁리도 잊지 않았다. 그러는 동안 내 안의 상상력들이 무한 증식하기 시작했다. 세상에 없는 것들을 만들고 싶어졌고, 남들이 하지 않는 기발한 생각으로 고장 난 것들을 고칠 아이디어를 만들어냈다.

지금 내 인생에서 빛을 발하는, 무엇이건 척척 만들어내는 이 특별한 손재주가 그 시기에 만들어졌다. 내가 상상했던 것들을 제품으로 만들어내는 재주와 늘 새롭게 생겨나는 아이디어들 역시 그 시기부터 내 머릿속에 자리 잡기 시작했다. 흙장난을 하면서 자연과 친밀해졌고, 어머니의 품에서 듣는 옛날이야기가 내 상상력을 키웠다.

지금은 우리가 너무나 쉽게 버리는 고장 난 우산도 내 손에 들어오면

1982년 경북 의성군 비안면 시골집 앞에서 필자의 부모님

새 제품으로 재탄생한다. 대부분 우산살이 부러져서 우산을 버리는데 나는 구부러진 부위를 조심스럽게 편 뒤 얇은 함석 조각을 덧대서 더 튼튼한 우산을 만든다. 지금이야 흔해 빠진 게 우산이지만, 그땐 고장 나면 장날 읍내에 가서 고쳐 오곤 하던 귀한 물건이었다. 초등학생 때부터 나는 장터의 기술자들이나 고치는 우산을 조막만 한 손으로 뚝딱거리며 곧잘 고칠 줄 알았다.

구멍 난 양은냄비도 버려진 물건에서 찾아낸 리벳(rivet)으로 뚝딱거리며 고쳐내곤 해서 자주 동네 어른들에게 칭찬을 받았다. 얼마 지나지 않아 바닷가 마을인 지금의 동해시로 이사했다가 다시 더 가난한 시골 마을로 가게 되었는데, 그때는 이미 전기가 들어와 있던 동해시에 살면서 익힌 짧은 전기 지식으로 새로 이사 간 마을에 전기가 들어왔을 때 어른들을 제치

2003년 서울 세곡동 집에서 4D프레임으로 교구를 만들고 계신 부모님

고 전기 퓨즈를 가장 잘 교환하는 중학생이라는 소리를 듣기도 했다.

그때 가장 많이 만든 게 지게였다. 워낙 쓰임이 많았지만 누구나 쉽게 만들 수 있는 게 아니었고, 필요로 하는 사람이 많았다. 그렇다 보니 만들어놓은 지게를 팔아 살림에 보태는 일도 종종 생겨날 정도였다.

지게를 만들어 팔 때, 싸리나무로 만든 작은 지게나 복주머니를 만들어 선물하기도 했다. 지게 멜빵도 머리를 땋듯 엮어서 걸어주었는데, 그 멜빵 덕에 내가 만든 지게는 다른 지게에 비해 인기가 높았다. 크진 않아도 내가 만든 물건이 살림에 보탬이 되는 경험을 하면서 나는 만드는 일을 평생의 업으로 삼아야겠다고 생각하기에 이르렀다. 집안이 가난해서 상급학교에 진학할 상황은 아니었지만, 미술이나 공예를 잘하고 좋아했기 때문에 언젠가는 그쪽 일을 해야겠다고 생각하게 된 것도 그즈음이다.

어릴 때는 가난이 싫었다. 아버지는 무능했고, 집안의 궁핍은 내 날개를 꺾었다. 하지만 철이 들면서 나는 가난을 받아들였고, 지금은 그 시절이 오히려 그립다. 지금 돌아보면 어린 시절의 가난이 나를 불행하게 만들었다고 생각하지 않는다. 오히려 내 어린 시절이 풍족했다면 지금의 나는 존재하지 않았을 것이다. 가난을 극복하기 위해 새로운 일들을 만들었고, 가난 때문에 생긴 여유가 수많은 생각을 가능케 했다.

나는 차라리 부족함 없는 시대를 풍족하게 보내는 지금의 아이들이 한없이 가여울 따름이다. 세상의 재미와 삶의 의미에는 한 걸음도 다가가지 못한 채 학교와 집, 학원만을 오가는 그들의 삶이 결코 풍족하다고 여겨지지 않기 때문이다. 그들이 성장하여 지금의 내 나이가 되면 그 아이들이 무엇을 추억할 수 있을지 궁금해진다.

나는 풍족한 아이들이 학교에 가던 그 시간에 세상에 홀로 남아 미리 인생을 배웠다. 그들의 손에 볼펜이 들려 있을 시간에 나는 망치를 두들기며 무언가를 만들었다.

자연에서 얻는 재료에 나만의 상상력을 더해 놀 거리를 만들면서 4D프레임을 만들 수 있는 기초가 다져졌다고 생각한다. 실제로 4D프레임의 원형이라 할 수 있는 수수깡을 자르고 구부리고 끼워서 만들던 안경도 그 시절 가장 많이 하던 놀이 가운데 하나였다. 그때 뚝딱거리며 고장 난 것을 고치고 새로운 것을 만들어내던 손재주가 '기흥성 모형'이라는 각종 모형을 제작하는 회사에서 수많은 건물모형을 만들게 했고, '에벤에셀 모형'이라는 개인 회사의 출발점이 되었다. 지금은 4D프레임이라는 제품을 만들어 세상 많은 아이의 상상력을 끄집어내는 데 일조하고 있다.

# 남들과 다른 길을 걸었다

친구들이 학교에 가고 맑게 웃으며 수학여행을 떠날 때 나는 홀로 동네에 남았다. 중학교를 졸업한 아이들이 당연한 듯 고등학교에 진학할 때 나는 자연스럽게 포기를 선택했다. 가난하긴 했지만, 조금 무리를 하면 고등학교는 다닐 수 있었다. 하지만 이미 세상을 일찍 알아버린 터라 고등학교가 내게 줄 수 있는 배움을 신뢰할 수 없었다. 또래 아이들이 옹기종기 모여 있는 콩나물시루 같은 교실에서 3년이라는 시간을 보낸다는 것이 악몽 같았다. 그렇게 세월을 허송하느니 세상에 나가 남들보다 좀 더 일찍 스스로의 삶을 개척해나가고 싶었다.

스스로는 대단히 자랑스러운 결정이라 하더라도 다른 친구들이 학교에 다니던 그 시절 홀로 남겨진다는 것은 슬픈 일이었다. 아침이면 등굣길에 나서는 친구들을 지켜보기만 하는 일은 나를 힘들게 만들었다. 결국, 나는 고향을 떠나기로 마음먹었고, 혼자 부산으로 내려갔다.

1989년 부산 출장 중 방문한 상성인쇄소 사장님 부부와 함께

    동네 누나의 소개로 부산의 조그마한 인쇄소에 취직하게 되었다. 어린 나이에 큰일을 할 수 있는 것은 아니었고, 잡일을 도와주면서 먹고살 수 있게만 된 것이다. 그렇다 보니 그곳에서 내가 할 수 있는 일은 잔심부름밖에 없었다.

    인쇄소에서 일할 재주가 있지도 않았고, 이제 막 중학교를 마치고 온 어린아이에게 인쇄기술을 가르쳐줄 리 만무했다. 그곳에서 할 수 있는 일은 잔심부름이거나 완성된 인쇄물을 배달하고 오는 게 전부였다. 하지만 이곳에서도 내 손재주는 빛을 발했다. 고장 난 물건을 고쳐주고 어린 시절 도토리에 도장을 파면서 손에 익은 도장 파는 기술을 활용하여 만나는 사람들의 도장을 파주면서 인정받기 시작한 것이다.

    인쇄소에서 보내는 시간이 늘자 조금씩 부산에서 지내는 삶이 익숙해지기 시작했다. 인쇄 기계 주변을 맴돌면서 기계 다루는 법을 눈동냥하고, 배달 다니며 새로운 사람을 만나고 그들에게 칭찬받는 일이 많아지면서 부산에서의 시간이 편안해지기 시작한 것이다.

부산에서 나는 안주할 수 있었다. 조금씩 늘어가는 인쇄기술을 본격적으로 배우면서 한 명의 일꾼으로 인정받을 만큼 나이가 들면 인쇄기술자로 살 수 있었다. 막 생겨나기 시작한 상업시설들에서 인쇄물이 쏟아져 나와 인쇄업이 돈을 잘 벌던 시절이었으니 계속해서 그 길을 갔다면 시류를 타고 그럭저럭 무난한 삶을 살았을지 모른다. 그런데 신기하게도 인쇄기술에 더는 흥미가 느껴지지 않았다.

인쇄기술자였던 형들이 기술을 가르쳐주겠다고 하는데도 그저 눈동냥으로 배운 것 이상은 배우고 싶은 생각이 들지 않았다. 내 삶은 그렇게 무난한 것을 원치 않았던 모양이다. 돈 되는 일은 마다하고 고장 난 물건들을 고쳐주고 도장도 파주면서 주변 사람들에게 인정받는 것이 더 즐거웠다. 무언가를 만들 때가 가장 즐거웠고, 내가 만든 걸 누군가에게 줬을 때, 그 때문에 칭찬받고 그들이 즐거워할 때가 가장 행복했다.

그때부터 남들이 하라는 일보다 내가 하고 싶은 일을 하고 싶어졌다. 내가 정말 좋아하는 일을 좀 더 잘하고 싶었다. 그리고 혼자 주물럭거리면서 주먹구구식으로 고치는 게 아니라 제대로 된 교육을 받고, 나만의 물건을 만들어내는 생산적인 일을 하고 싶었다.

그때 내 눈을 사로잡은 곳이 부산공예고등학교였다. 배달 다닐 때면 지나가게 되는 학교였는데, 그곳에 가면 내 재능이 더욱 빛을 발할 수 있을 것 같았다. 시대가 발전하면 공예산업이 더욱 커질 거라는 생각도 들었다. 그러자 부산에 있던 그 시절 그 학교가 자꾸만 눈에 밟혔다. 하지만 일을 포기하고 학교에 다닐 수 있을 만큼 여유롭질 못했다. 먼발치에서 지켜보는 것으로 만족해야 했다. 그저 '언젠가는 나와 인연이 되겠지'라는 막연한 기대만 가질 뿐이었다. 서울로 떠나올 때까지 그 학교는 손에 잡히지 않는 신기루와 같은 곳이었다.

그러다가 부산을 떠나면서 부산공예고등학교와 더는 인연이 이어지지 않았다. 누나가 아기를 낳는다는 연락이 와서 고향으로 돌아오면서 부산과의 인연은 끝나고 말았다. 집에 온 지 며칠 지나지 않아 박정희 대통령이 김재규의 총에 맞아 사망하는 엄청난 사건이 벌어졌다. 나라 전체가 엄청난 추모 열기에 휩싸이면서 장례가 15일간이나 계속되었다. 그 바람에 발이 묶인 것이다. 그러다가 서울로 간다는 동네 형이 같이 가자고 꼬드기는 바람에 부산행을 포기하고 서울로 올라오면서 부산은 내게 먼 땅이 되고 말았다.

무작정 올라온 서울에서 내가 할 일은 마땅치 않았다. 일할 곳을 찾다 지칠 즈음 안양에서 가방공장을 하는 사촌 형이 생각났다. 형을 찾아가자 사람이 부족했다며 사촌 형은 그 자리에서 내 자리를 마련해주었다. 지금의 안양시 만안구 박달동에 공장이 있었는데, 경방 타자기를 담는 가방을 만들던 공장이었다. 가죽에 접착제를 붙여가며 가방을 만드는 힘든 일이었다. 추위가 혹독했던 1970년대 말의 겨울 끝자락이었다. 바깥 날씨가 차갑다는 이유로 문을 꼭꼭 걸어 잠근 공장에서 온종일 접착제를 붙이다 보면 그 냄새에 취하기 일쑤였다. 오후가 되면 접착제 냄새에 중독된 듯 정신이 몽롱해져 있었다.

그곳에서도 만드는 것을 좋아하는 내 재능은 빛을 발했다. 접착제로 붙인 가죽을 재봉틀로 박음질하여 고정하는데, 두꺼운 가방이 쉽게 고정되지 않아 애를 먹고 있었다. 그렇다 보니 속도는 더디고 재봉틀 작업을 하는 분들의 고생이 이만저만이 아니었다. 그분들을 위해 자바라를 활용하여 가방을 눌러주는 장치를 만들자 일의 능률이 올랐다. 그 덕에 엄청난 칭찬을 받았지만, 정작 내가 하는 일은 재미있지 않았다. 계속해서 반복 작업을 해야 했기에 나와는 맞지 않았다. 늘 똑같은 일을 하던 것에 지칠 즈음,

사촌 형에게 그만두겠다고 말하고 청계천에 있던 청소년회관을 찾아갔다. 당시 많은 청소년이 그곳에서 일자리를 소개받곤 한다는 정보를 들었기 때문이다.

상담 선생님을 만나 공예 관련 업종에서 일하고 싶다는 뜻을 전하자 덕소에 있는 보석가공 업소에 소개해주었다. 루비나 사파이어 같은 보석에 광을 내는 일을 하는 곳이었다. 첫 출근을 하고 딱 하루를 일했는데, 내 일이 아닌 것 같았다. 다시 청소년회관을 찾아가서 좀 더 창의적인 일을 하고 싶고, 이왕이면 새로운 제품을 만드는 일을 하고 싶다는 뜻을 다시 전했다.

그러자 다시 소개해준 곳이 도봉구에 있던 한미공예사라는 나전칠기를 만드는 회사였다. 그곳에서 가구에 나전을 붙이기 전에 아교를 개고, 백

1981년 충남기계공업고등학교에서 열린 제16회 전국기능경기대회 목공예 종목 출전 당시 모습

골을 붙이기 좋은 상태를 만드는 일을 배정받았다. 나무로 가구를 만드는 일이다 보니 합판을 자르고 아교로 서랍을 만드는 과정은 늘 새로웠다. 창의적인 일을 찾던 내 적성에 딱 맞았다. 게다가 사무실에서 먹고 잘 수 있다는 점은 내가 원하던 바였다. 1년 가까운 시간 한미공예사에 출근하면서 기술을 배웠다. 그러던 차에 만난 것이 정수직업훈련원이었다.

1973년 미국 정부의 지원으로 만들어진 정수직업훈련원은 고등학교나 대학교에 진학하지 못한 학생들에게 다양한 직업 훈련을 제공해주던 교육기관이었다. 그곳에서 신입생을 뽑는다는 소식을 듣고 입학원서를 넣게 되었다.

정부에서 이곳에 거는 기대가 컸던 모양이다. 교육환경이 앞서 있었고, 풍족한 대우를 통해 좋은 선생님들을 불러 모았다. 논현동에 있는 건물을 임대하여 교사들의 사택으로 제공한다거나 당시 일반 공립학교에 근무하는 선생님들보다 월급이 2배 이상 많을 만큼 좋은 대우를 해준다는 소리가 공공연히 들려왔다. 그게 사실이건 아니건 훈련원에는 훌륭한 선생님이 꽤 많았다.

중학교 졸업 이상의 학력을 소지한 남자는 만 15~19세, 여자는 만 15~22세까지의 청소년이라는 제한이 있었는데도 수업료가 전액 무료였으니 당시로서는 어마어마한 혜택이었다. 또 훌륭한 선생님이 많다는 소식이 전해지면서 또래 아이들이 한꺼번에 몰렸다. 경쟁률은 높았고, 한 군에서 가난한 청소년들, 고등학교 안 가는 청소년들을 3명씩 추천받아서 그중 1명을 선발하는 방식이 도입되면서 쉽게 입학하기 어려운 곳이 되고 있었다. 그런 어려움이 있었지만 운이 좋았는지 간신히 입학할 수 있었다.

경쟁률이 높다 보니 좋은 학생들이 많았다. 실력은 있었지만 가난해서 공부할 기회를 얻지 못한 학생들이 몰렸기 때문이다. 능력이 뛰어난 선생님이 많다 보니 자연스럽게 공부가 되었다. 그렇지만 또래 청소년들이 모인 곳이라 늘 사건·사고가 끊이지 않았다. 그걸 원활하게 해결하

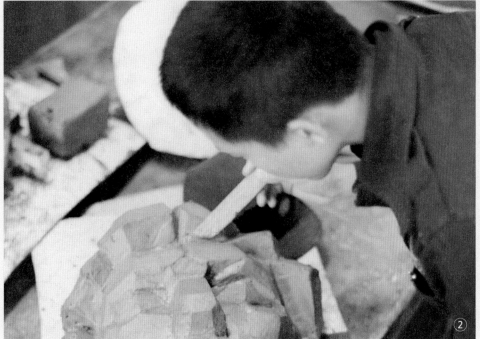

① 정수직업훈련원 시절 친구들과 즐거운 한때 ② 목공예 기술을 연마하는 필자

1981년 제16회 전국기능경기대회에 입상하고 선생님들과 기념사진

기 위해 군대보다 빡빡한 규율이 있었다. 아침이면 당시 학교가 있던 보
광동에서 흑석동 국립묘지나 삼각지까지 구보를 하곤 했다. 밤새워 공부
하다 보니 늘 잠이 부족해서 아침마다 힘겨워하기도 했지만, 만드는 것
을 좋아하는 나와는 잘 맞았다. 특히 도면이나 설계도를 보는 방법을 배우
고 직접 그릴 수 있는 실력을 쌓게 되면서 내 인생의 새로운 길을 열 수 있
었다.

좋아하던 일이라 더 열심히 했고, 하면 할수록 배우는 재미가 쏠쏠해서
즐겁게 공부할 수 있었다. 그러다 보니 자연스럽게 선생님들의 눈에 띄게
되고, 가는 곳마다 인정받았다.

송곳은 주머니에 넣어도 감출 수 없는 법인가보다. 내 재능을 눈여겨보

1981년 제16회 전국기능경기대회 상장과 메달, 그리고 입상자를 위한 청와대 초청 만찬 차림표

신 선생님의 추천으로 특수훈련생에 뽑혔다. '특훈생'이라고 불리기도 하는 특수훈련생은 전국기능경기대회 참가를 위해 특별히 선발된 우수한 훈련생을 가리킨다. 먹는 것도 다르고 교육도 별도로 받을 만큼 소수정예 인원이 선발되어 집중훈련을 받는 엘리트 집단이었다. 대부분 대회 6개월 전부터 선발되었는데, 나는 드물게 뒤늦게 선발되어 합류하게 되었다.

특훈생이 되면서 나는 더욱 열심히 공부했다. 게으름을 피우지 않는 성격이기도 했지만, 대회를 앞뒀다는 생각이 들자 하루해가 짧을 지경이었다. 남들보다 늦었다는 생각에 더 열심히 공부했던 것 같다. 다른 훈련생보다 더 많은 것을 집중해서 배울 수 있다는 호기심이 나를 더 자극했다.

그해 제16회 전국기능경기대회에 같이 공부한 특훈생들과 출전하게 되었다. 짧은 훈련 기간이었지만 은메달을 따면서 내 인생은 남과 다른 길을 걷게 된다.

# 01- 03

# **반 박자만** 앞서자

전국기능경기대회에 참가하여 은메달을 딴 뒤 내 삶은 180도 달라졌다. 세상이 나를 주목하기 시작한 것이다. 부산 외곽 인쇄소 귀퉁이에 있는 작은 책상에서 도장을 파던 강원도 산골 소년의 궁핍했던 삶이 자고 나니 달라졌다. 실력 좋은 기능공들이 모인 전국대회에 나가서 상을 받으면서 시작된 일이다.

내가 참가했던 경기 직종은 건축·공예 분과였고, 그중에서도 목공예 분야였다. 조각도, 줄톱, 끌, 송곳, 사포 등 각종 수공구와 목공기계를 사용하여 나무를 깎고, 썰고, 자르고, 붙이고, 다듬어서 일상생활에 필요한 목공예품을 만드는 기술의 숙련도를 따지는 분야였다. 그 분야에서 은메달 수상자라는 사실만으로 국내 굴지의 가구회사들에서 스카우트 제의가 이어졌다.

같이 대회에 참가했던 동료들은 삼익가구나 보루네오가구같이 규모가

1986년 기흥성 모형 공사 재직 시절, 국립중앙과학관의 의뢰를 받아 행성 모형을 제작하는 모습
(왼쪽 둘째부터 필자, 조경철 박사, 기흥성 사장)

큰 대형 가구회사에 들어갔다. 당시 가구는 만들면 족족 팔리던 시절이라 가구회사는 호황을 누리고 있었다. 급여도 좋아서 가구회사에 입사하려는 사람이 줄을 이었다. 당시 관련 대회 입상자에겐 가산점이 주어지는 덕에 전국기능경기대회 입상자는 쉽게 입사할 수 있었다.

원하는 회사에 입사할 수 있었지만, 나는 일반 회사에 입사하는 걸 원치 않았다. 고등학교에 대한 미련이 없어서 진학을 포기하고 혼자 다른 길을 걸었던 것처럼, 일반 회사라는 편안한 자리보다는 나만의 새로운 길을 걸어보고 싶었다. 남들이 이뤄놓은 업적을 뒤쫓기보다 나만의 새로운 이야기를 만들어내고 싶었다. 그때 만난 회사가 '기흥성 모형'인데, 모형을 만드는 회사였다. 각종 구조물을 모형으로 만드는 창의력이 필요한 회사였다. 만드는 거라면 누구에게도 뒤지지 않던 내게 기흥성 모형은 신세계였다.

선생님의 추천을 받을 때만 해도 어떤 회사인지 정확하게 알지 못했다. 일반 가구회사만 아니면 된다는 가벼운 생각으로 면접을 보러 갔을 때, 사무실을 가득 채운 모형에 감동했다. 크고 작은 건물들도 있었지만, 배와 비행기도 있었다. 내가 원하는 것이 거기에 모두 있었다. 실제로 직업훈련원에 다니면서 여러 가지 모형을 만들어본 적이 있다. 그걸 만들기 위해 나무를 사고 학교에 있는 공구를 활용하여 짬짬이 모형을 만들곤 했는데, 기흥성 모형에는 이런 모든 것이 준비되어 있었다.

모형을 하나하나 완성해가면서 재미있는 일이라는 생각을 하던 차였는데, 그걸 원 없이 할 수 있는 회사가 기흥성 모형이었다. 게다가 졸업하면서 직업훈련원을 나와야 해서 머물 공간을 따로 마련해야 하는 상황이었다. 기숙사에서 생활하던 나는 머물 만한 집이 없었다. 그런 내게 기흥성 모형은 머물 수 있는 숙소까지 제공해준다고 했다.

모든 것이 준비된 회사라는 생각이 들자 이 회사에 반드시 입사하고 싶어졌다. 만들고 싶은 모형을 위해 재료 구하는 일도 쉬웠고, 공구도 잘 갖춰져 있는 데다 월급까지 준다니, 내게 기흥성 모형은 금상첨화와 같은 회사였다. 당시 쓰다 만 일기를 보니 1981년 10월 24일, 월급 7만 원을 받았다는 기록이 있다.

입사 이후 낮에는 사무실에서 모형을 만들고 밤이면 사무실 바닥에 스티로폼을 깔고 잠을 청했다. 잠자리는 불편하고 이따금 사무실을 돌며 경비를 서야 하는 불편함은 있었지만, 그게 불만이 되진 않았다. 겨울이면 밤마다 빈 사무실을 돌아다니며 연탄 27장을 갈아야 할 만큼 귀찮은 일도 있었지만, 내가 좋아하는 일을 한다는 생각에 힘든 줄 몰랐다. 그렇게 낮에 일하고 밤에 회사에서 잠들면서 주경야독과도 같은 6년 세월을 보냈다.

당시 사회 풍토는 자신의 기술을 남에게 전수하는 일에 인색했다. 도자기 만드는 기술을 아들에게 전수하는 것조차 인색했던 고려 시대 장인처럼, 기술로 먹고사는 직업을 가진 곳들은 대부분 자신의 기술은 혼자만 알고 있으려 하는 경향이 짙었다. 그것을 가르쳐주면 자신의 위치와 지위를 빼앗길지도 모른다는 불안감이 내재해 있는 것이다. 내가 일하는 곳도 그랬다. 선배들에게 일을 배우려면 옆에서 잔심부름을 하거나 모진 소리를 참아가며 어깨너머로 배워야 했다. 보조로 일하면서 느리지만 직접 기술을 익혀야 했다.

워낙 손재주가 좋은 데다 고등학교를 포기하고 바로 기술을 배운 터라 남들보다 일찍 일을 시작한 나는 이미 스무 살 초반에 숙련 기술자가 되어 있었다. 그렇다 보니 학교를 졸업하고 군대를 다녀온 후임 직원들은 나보다 서너 살은 많은 경우가 대부분이었다. 형이라고 부르긴 했지만, 직장에서 입사도 늦고 일에 대한 숙련도도 늦다 보니 항상 내 밑에서 일하고 있었다.

나는 그들과 일할 때 다른 선배들처럼 내 기술을 숨기거나 가르치는 일에 인색하지 않았다. 기술을 가르치면 그들이 나를 치고 올라가고, 나중에는 그들이 내 위에 군림할 거라는 생각이 기술을 숨기게 만든다는 생각 자체를 믿지 않았다. 나는 생각이 달랐다. 내가 그들에게 기술을 가르쳐주는 것은 오히려 나를 편하게 하는 일이었다.

회사에 다니다 보면 일은 참 잘하는데, 혼자 잘하는 사람을 종종 만나게 된다. 실력도 뛰어나고 능력을 인정받을 만큼 재능도 있지만, 그 재능을 혼자만 가지고 있는 사람이 그런 경우다. 그런 사람 중에는 남에게 일을 맡기는 것을 두려워하는 경우가 많다. 남에게 맡기는 것을 불안해하고 부하

직원의 능력을 인정하지 않으려는 경우도 많다. 그래서 다른 사람에게 일을 맡기질 못하고 혼자 처리하는 경우가 대부분이다.

처리해야 할 일은 많은데 맡길 사람이 없으니 언제나 일은 밀려 있고, 남들이 퇴근한 뒤에도 혼자 남아서 야근하고 마감 시한이 되어도 그 일을 잡고 혼자 끙끙대는 경우를 자주 보게 된다. 일을 맡기지 못해서 그렇게 되는 것이다.

기술자들도 마찬가지다. 자기가 가진 기술을 혼자 꽁꽁 싸매고 있으면서 가르쳐주지 않으려다 보니 자기 일은 많아지고 일의 속도는 더뎌지는 것이다. 자기 기술을 나눠주고 일을 분배해서 서로 협력하여 처리하면 속도도 빨라지고 일의 능률도 오르는 법이다.

나와 일하게 된 나이 많은 후임자 중에는 불만을 가진 사람들이 여럿 있었다. 서열과 예의를 따지는 우리 사회에서 나이 어린 사람을 선임자로 두고 일한다는 것이 기분 좋은 일은 분명 아니었을 것이다. 하지만 나는 그들 앞에서 선임자로 행세하거나 내 기술을 자랑하지 않았다. 오히려 남들보다 더 열심히 그들에게 내가 가진 기술을 가르쳐주고, 일하면서 알게 된 나만의 노하우와 일을 조금 더 편리하게 할 수 있도록 개조하고 변형해서 만든 도구들을 하나도 빠뜨리지 않고 전달해주었다.

처음에는 나이 어린 선임자와 일하는 것을 마뜩잖게 생각했던 형들이 내가 열심히 가르치고 그들 앞에서 겸손하게 처신하자 나를 믿고 따르기 시작했다. 오히려 다른 선배들 밑에서 고생하는 동료들을 안타까워했다. 그들보다 더 빨리 기술을 배울 수 있고 팀 분위기도 좋은 것이 일의 성과를 끌어올리는 계기로 작용하기도 했다.

나는 남들과 이미 생각이 달랐다. 후임자들에게 내 일을 가르쳐주는 것은 그들에게 내 자리를 빼앗기는 것이 아니라, 내가 일을 조금 더 쉽게 하는 방법이라는 것을 진즉부터 알고 있었다. 그들의 기술이 숙련될수록 내가 할 일 하나가 줄어드는 것이고, 그들이 일을 나누면 그만큼 일의 속도는 빨라지는 것이었다. 그 덕에 나이 많은 형들이 내 밑에서 일했지만, 나는 그들과 친한 형, 살가운 동생으로 오랫동안 함께 일할 수 있었다. 지금까지 자주 서로의 안부를 주고받을 만큼 친한 선후배로 관계를 이어가고 있는 것도 그 덕이다.

# 환경을 탓해선 안 된다

어머니 세대를 만나면 한결같이 듣는 말이 있다. 내 삶을 책으로 쓰면 소설 몇 권은 나올 거라는 얘기다. 어머니들의 삶에 비추어보면 내가 한 고생은 고생도 아니다. 그래도 내가 자꾸만 어린 시절의 이야기를 하는 것은 내가 고생한 것을 투정 부리거나 성공을 자랑하려는 것이 아니다. 어머니보다 고생을 덜 했지만, 그런데도 내 삶이 단 한 사람의 삶이라도 변화시킬 수 있다면 내가 보낸 가난한 시절의 이야기가 충분한 값어치를 한다고 믿기 때문이다.

우리 집의 가난은 무능했던 아버지가 일조한 면이 없지 않다. 강원도 깊은 산골의 작고 가난한 마을에 살다가 초등학교에 입학한 지 얼마 지나지 않아 지금의 강원도 동해시로 이사하게 되었다. 전기도 들어오지 않는 산골 마을에 살다가 그래도 조금은 번화한 도시인 동해로 오니 많은 것이 달랐다. 내가 살던 곳엔 없던 관공서나 상업시설이 많았고, 사람들의 살림

첫 월급을 모아 산 송아지가 커서 어미소가 되었다. 소를 바라보시며 좋아하시는 아버지(2005년 작고)와 함께

살이도 산촌과는 사뭇 달랐다. 하지만 우리가 그곳으로 이사했다고 해서 우리의 살림살이마저 나아진 것은 아니었다.

우리는 조금씩 형편이 나아지고 있는 바닷가 마을로 거주지만 옮긴, 여전히 가난한 가정이었다. 오히려 그들 눈에 우리는 산촌에서보다 더 가난한 사람들이었다. 이미 책가방에 책과 공책을 넣어 다니기 시작한 아이들 틈에서 나는 여전히 보자기에 책과 도시락을 둘둘 말아 메고 다녔다. 학교를 마치고 돌아올 때면 책보자기 안에 들어 있던 도시락 속 숟가락이 내 걸음에 맞춰 딸각딸각 소리를 내던 추억이 지금도 또렷이 남아 있다.

비가 오는 날이면 책보자기는 떨어지는 빗물을 고스란히 맞았고, 아무리 감싸 쥐고 처마 밑에 숨어도 젖어버리는 책과 공책은 맑은 날 마루에 널어 말려야 했다. 그러면서 꾸역꾸역 학교에 다녔다.

집이 가난했던 까닭에 방학이 되면 우리는 외갓집으로 보내졌다. 당시

경제발전이 시작되면서 석탄 수요가 많아지고 그 때문에 도시가 발전해가던 강원도 태백에서 두부를 만들어 팔고 계시던 외할머니 댁으로 보내진 것이다. 외할머니 곁에 가서 밥이라도 굶지 말고 오라는 부모님의 배려 아닌 배려였다. 어린 나이에도 새벽이면 눈 비비고 일어나서 두부콩을 가는 외할머니를 도왔고, 끓여서 두부 만드는 옆을 지키다가 팔러 나가는 외할아버지를 따라 새벽길을 나서곤 했다.

술을 좋아하셨던 아버지는 경제력이 부족했다. 가난한 집안 살림을 해결하려는 의지는 부족했고 집안 형편에 크게 신경 쓰지 않으셨다. 그런 탓에 우리는 늘 가난에 허덕였다. 그러다가 가난을 벗어나려고 시멘트 공장이 있던 동해로 이사하게 되었다.

당시 동해엔 쌍용양회 동해공장이 있었고, 그 공장에서 만든 시멘트를 대한통운이 운반하고 있었다. 아버지가 그곳에서 시멘트 포대를 옮기는 막일을 하게 되면서 우리 가족이 이사하게 된 것이다. 하지만 기술 없이 오직 몸으로 생계를 이어가야 하는 막일은 살림살이를 크게 바꾸지 못했다. 궁핍한 삶에 큰 도움이 되지 않았다. 우리에겐 단지 살던 곳이 바뀐 것 이상의 의미는 없었다. 술을 좋아했던 아버지는 일이 끝나면 술집에 가 있는 날이 많았다. 일이 힘들다 보니 술에 의지하는 날이 잦았고, 그런 아버지를 찾아다니는 일이 중요한 일과 중 하나였다.

가끔 회사에서 나눠주는 라면을 가져오셨는데, 어쩌다 가져오시는 라면 한두 개에 두 배 넘는 국수를 넣고 함께 끓이는 바람에 맛도 모르고 먹는 때가 많았다. 하지만 그거라도 배불리 먹고 싶다는 생각에 젓가락질이 바빴다. 돌아보면 그래도 행복했던 시절이 동해에 살던 때였다.

인근에는 우리가 놀 만한 관광지가 많았다. 지금도 옛 생각을 하며 찾아가곤 하는 무릉계곡이나 죽서루가 코앞이었다. 지금은 삼척해수욕장이라 불리는 후진해수욕장이나 망상해수욕장, 촛대바위도 멀지 않은 곳에 있었다. 세 살 위 누나와 두 살 아래 남동생이 있어 적당한 나이 터울에 우애가 남달랐던 우리는 틈만 나면 무릉계곡이나 해수욕장 부근에서 시간을 보냈다. 방학이 되면 종일 해수욕장에서 보내는 일도 많았다.

가난한 사람들이 모여 살던 개천 부근 작은 움막에 살았다. 처음으로 생긴 우리 집이었다. 아버지와 근처 개천으로 내려가서 커다란 돌들을 지고 와서 돌담을 만들었다. 초라한 움막이었지만, 우리 집이 생겼다는 사실만으로도 기뻤다. 하지만 그곳에서의 삶이 행복하기만 했던 것은 아니었다. 그 시절엔 장마가 잦았다. 비가 조금이라도 많이 내리면 지대가 낮은 집들이 물에 잠기는 일이 잦았다. 여름이면 늘 넘쳐나는 빗물과 싸워야 하는 참 힘든 시간을 견뎌내며 살았다.

우리 처지와 달리 쌍용양회 동해공장은 점점 더 커졌다. 직원들이 늘고 사업 규모가 커지면서 직원들을 위한 사택이 들어서기 시작했다. 회사에선 직원들의 복지 차원에서 사택 안 넓은 공터에서 한 달에 한 번씩 야외영화 상영회를 개최하곤 했다. 태어나서 처음 영화를 봤던 곳도 동해였고, 전깃불의 밝고 환함을 경험한 곳도 동해였다. 하지만 아버지는 일의 강도를 견디지 못했다. 늘 힘들어하며 술로 버티는 시간이 많았다. 그러다가 결국 직장 동료를 따라 또다시 이사하게 되었다.

처가가 있는 경상북도 의성으로 가는 동료를 따라나서게 된 것이다. 아는 사람이 없는 시골 마을은 낯섦 이상이었다. 가난했던 우리는 머물 방 한 칸 마련하지 못했고, 부쳐 먹을 변변한 밭뙈기 하나 가지질 못했다. 게다가 그곳은 이전에 살던 강원도 원주의 산골 마을보다 더 첩첩산중이었다.

아버지는 직장 동료였던 분의 처갓집 문간방 한 칸을 간신히 얻어 한 해를 보냈고, 그 집의 일을 도와주면서 간신히 입에 풀칠할 수 있었다. 아는 친구 하나 없고, 동네에서 가장 가난한 집이라는 소리를 들으며 살다 보니 내 처지를 인식하게 되었다. 눈치가 빨라지고, 놀아줄 친구가 없는 동네에서 스스로 적응할 방법을 찾고 있었다.

주인집 아들과 함께 학교에 다녔는데, 강을 건널 때면 업어 건널 때가 많았다. 나름 내가 살아남는 방법 가운데 하나였다. 여름철에 강을 건너는 일은 힘든 일이 아니었다. 하지만 겨울이 다가올 때가 문제였다. 11월이 되면 차가워진 강을 편하게 건널 수 있게 섶다리가 놓였다. 문제는 다리가 놓이기 직전의 차가운 날씨였다. 물이 차가웠지만, 주인집 아들을 업어 건네는 일은 계속되었다. 차가운 물에 발을 담그는 일은 초등학교 5학년 어린아이에겐 견디기 힘든 일이었다.

나는 이미 그때부터 내가 해야 할 일이 무엇인지 직감적으로 알고 있었다. 남의 집 생활을 한다는 것이 얼마나 고된 일인지, 가난이 얼마나 사람을 비참하게 하는지 몸소 깨닫고 있었다. 그러면서 어떻게 해서든 성공해서 잘살아보겠다는 다짐을 하게 되었다.

지금은 덜하지만, 당시엔 텃세가 심해서 다른 동네에 자리를 잡는 일이 쉽지 않았다. 내가 살던 동네가 아니니 친구가 없었고, 당연히 내 편이 없었다. 그런 환경에서 살다 보니 불합리한 일이 있어도 참는 경우가 많았다. 문제가 생기면 속으로 삭이면서 내공을 쌓는 일에 더 집중했다. 언젠가는 이런 가난을 극복할 것이라 믿었고, 반드시 성공해서 나를 무시했던 사람들을 후회하게 할 거라는 다짐으로 하루하루를 버텨냈다.

중학교에 입학한 뒤에도 내 삶은 달라지지 않았다. 교복을 살 돈조차 없어서 뒷집 선배 교복을 얻어 입었는데, 군데군데 기운 곳이 많아서 옷이 묵직하게 느껴졌다. 가난은 낡은 교복만큼이나 나를 불편하게 만들었다. 그런 환경에서도 술을 끊지 못하는 아버지를 보면서 나는 절대 아버지를 닮지 않겠다는 다짐을 하며 하루하루를 버텨냈다.

공부보다는 나무하러 다니고, 소에게 먹일 풀을 베러 다니거나 남의 집 허드렛일을 하러 다니는 시간이 많았다. 그렇다 보니 학교와는 점점 멀어져갔다. 그때만 해도 공업고등학교의 인기가 높아서 학교에서 성적이 상위에 있는 친구들은 구미에 있는 금오공업고등학교에 입학하곤 했다. 아니면 대구에 있는 학교에 진학해야 하는데, 우리 집 살림으로 고등학교에

1987년 용산고 부설 방송통신고등학교 졸업식에서 동생 박호천(좌), 필자, 고향 친구 손병호(우)의 모습

입학하는 일은 꿈도 꾸지 못할 일이었다.

　당시 인근 마을에 인문계 고등학교가 생겼지만 큰 미래가 보이지 않았고, 결국 고등학교를 포기했다. 대신 나를 위해 희생을 감내하며 자청해서 일하던 동생이 중학교에 다닐 수 있도록 양보했다. 가난한 시간이 늘어갈수록 그런 환경에서 내공을 쌓는 일이 잦아지면서 살아남는 나만의 방법을 스스로 체득해가게 되었다.

　기흥성 모형에서 근무하던 시절도 마찬가지였다. 후임 직원으로 대학에서 건축을 전공했거나 실내디자인을 전공한 사람들이 들어오기 시작했다. 다양한 모형을 만들면서 실력을 인정받았지만, 나는 중졸 학력이 전부인 데다 직업훈련원에서 1년간 실무를 습득한 것이 전부인, 가방끈 짧은 선임 직원이었다. 학력을 최고로 여기던 당시 분위기에서 설령 내 실력이 인정받았다 하더라도 나는 열등감에 사로잡혀 있었다.

열등감을 극복하고자 방송통신고등학교를 졸업하고 남들보다 더 열심히 일했지만, 그들 앞에서 나는 자꾸만 작고 초라해질 뿐이었다. 그때 나를 다독인 것은 가난했던 어린 시절을 견디게 했던 내 다짐이었다. 남들보다 더 뛰어난 실력으로 그들 앞에 당당히 나서겠다는 다짐으로 더 열심히 내 공을 쌓아나갔다. 그들에게 내 실력을 보여주는 것으로 내 환경과 처지를 극복하게 된 것이다.

# 내 삶의 명작을 남기다

　　모형이라면 당연히 떠오르는 이름인 '기흥성 모형'은 내가 젊은 시절 대부분을 보낸 직장이다. 우리나라는 물론 세계적인 건축 모형의 대부분을 만들었을 뿐 아니라 월드컵 개최를 앞둔 남아공의 행정수도 프리토리아의 시청 건물 한가운데 전시된 실물 규모 400분의 1 크기로 축소된 월드컵 경기장 '퍼스펠트 스타디움'을 만들어 세계적인 명성을 얻은 회사가 기흥성 모형이다. 그곳에는 지금도 세계적인 건설사나 기업들에게서 다양한 모형을 만들어달라는 의뢰가 쏟아지고 있다. 어린 나이에 그곳에 입사하여 수많은 모형을 만들면서 지금의 4D프레임의 기초가 되는 지식을 쌓아나갈 수 있었다.

　　당시는 지금처럼 장비가 좋던 때도 아니었고, 미리 만들어진 샘플이 있던 시절도 아니었다. 그래서 만드는 작품 하나하나가 처음이었고, 우리가 해내는 일들이 동종 업계의 선례가 될 만큼 낯설고 생소한 일이었다.

작은 나무를 자르고 사포로 밀고 줄로 갈아내면서 손가락보다 작은 기둥을 만들고 손톱보다 작은 기와를 만들어서 거대한 건축물을 100분의 1이나 500분의 1, 심지어 1000분의 1 크기로 만드는 일이 기흥성 모형에서 하던 일이었다.

그 당시 수많은 모형을 만들어냈는데, 가장 기억에 남는 작업은 금강산댐을 만들었던 일이다. 1986년 전두환 정부는 북한이 금강산댐을 만들어 남한 땅을 물바다로 만들 예정이라는 '대북한 성명문'을 발표하게 된다. 88서울올림픽을 앞두고 나라가 어수선하던 시기였다. 금강산댐이 터지면 63빌딩 중간까지 물이 차오르고 서울은 대부분이 물에 잠길 거라는 기사들이 쏟아졌다.

1984년 독립기념관 모형을 만들면서 동료와 함께(왼쪽부터 김주봉, 안경회, 필자, 조용식)

언론사에서 그래픽으로 금강산댐이 터질 때를 가정한 상황을 시뮬레이션해서 내보내고, 우리가 대응할 방안을 전문가의 입을 빌려 소개하고 있었다. 그 무렵 우리에게 금강산댐을 모형으로 만들어달라는 의뢰가 들어왔다. 금강산댐과 그 전면에 서울시가 작게 내려앉은 모형을 만들어달라는 요청이었다.

모형이 다 만들어지자 방송국에서 몰려왔다. 그 자리에서 모형에 붉은 흙탕물을 부어 서울시가 물에 잠기는 모습을 재현했다. 63빌딩 중간까지 흙탕물이 차오르는 모습은 방송사 카메라에 고스란히 잡혀 뉴스에 소개되었다. 이후 평화의 댐을 만드는 데 사용할 국민적인 모금 운동이 시작되었다. 지금 돌아보면 해프닝과도 같은 일이었지만, 당시에는 꽤 진지하고 심각한 일이었다. 그때 내가 만든 작품이 고스란히 TV 뉴스 화면에 소개되었다. 내게는 특별한 기억이다.

또 하나 기억에 남는 일은 천안에 있는 독립기념관을 모형으로 만든 일이다. 1982년 일본 문부성이 고교 역사 교과서를 검정하면서 한국과 관련된 내용의 상당 부분을 자국에 유리하도록 수정한 사실이 밝혀졌다. 이 사건은 일본 내부에서도 반발을 불러일으켜서 교과서 집필진들이 직접 문부성에 항의했고, 일본 내 여론도 문부성 비판 일색이었다. 이 사건은 국내에도 커다란 자극이 되었다. 일본의 역사 왜곡을 비판하는 여론이 형성되고, 독립운동과 같이 일본을 향한 우리의 투쟁 역사를 제대로 보존하고 후대에 온전히 알려야 된다는 의견이 커졌다. 그 과정에서 전국적인 모금 운동이 전개되면서 단숨에 500여억 원이 국민 성금으로 모였다. 이 성금을 기초로 독립기념관이 건설되었다.

당시 독립기념관에서 가장 중요한 건물은 예산의 수덕사 대웅전을 참고하여 만든 본관 '겨레의 집'이었다. 건물을 만들면서 이곳을 모형으로 만들어달라는 의뢰가 들어왔다. 작업에 참여하면서 자주 독립기념관 건설현장을 오갔다. 이 작업이 내게 강렬한 기억으로 남아 있는 것은 1986년 8월

15일을 개관일로 잡고 막바지 작업을 하던 8월 5일, 겨레의 집이 화재로 타버리는 엄청난 사건이 발생했기 때문이다. 결국 개관이 연기되었고, 1년 뒤인 1987년 8월 15일 겨레의 집이 완공되었다. 우리가 모형을 먼저 만들어서 1년 이상 기다리게 된 것이다.

1987년엔 포항공대를 모형으로 만들어달라는 주문이 들어왔다. 주문 요청이 들어온 시점은 완공을 위한 막바지 공사가 진행되던 때라 우리에게 주어진 시간이 일주일 안팎으로 매우 촉박했다. 마라톤 회의가 이어졌고, 내부에서도 불가능한 일이라는 평이 많았다. 회의를 여러 차례 거친 뒤, 내게 그 작업이 맡겨졌다. 나는 호흡이 잘 맞았던 안 모 선배와 함께하기로 하고 일주일간 밤잠을 줄여가며 작업에 매달렸다. 일주일 동안 잠든 시간이 10시간이 되지 않을 정도로 강행군이었지만, 시간에 맞춰 기어이 작업을 완성해냈다.

그래도 가장 어려웠던 작업은 경동교회(京東敎會)를 모형으로 만든 일이다. 일제강점기 일본 종교였던 천리교 교당으로 쓰였던 건물을 광복 직후인 1945년 한국기독교장로회 소속의 선린형제단이 인수한 뒤 건물을 허물고 개신교 예배당으로 다시 만든 것이 지금의 경동교회다. 어렵지 않을 수 있는 작업이었지만, 건물이 지닌 의미와 설계한 사람 때문에 모형 작업엔 엄청난 노력이 들어갔다.

교회 건물은 건축가 김수근 선생의 작품으로, 성냥갑처럼 생겼던 기존의 한국교회 건물과는 전혀 다른 수도원 형식으로 설계되었다. 심지어 건물 좌우에는 예수가 최후의 순간 골고다로 향해 걸었던 길을 상징하는 수많은 계단이 이어져 있어서 잔손이 많이 가는 모형이었다. 무뚝뚝한 건축물인 듯 보이지만 차가운 도시를 향해 따뜻한 시선을 보내는 방식으로 공간을 배치하고, 혼란스러운 도시 한가운데 서서 정제된 건축의 모습을 보여준다는, 당대 최고 건축가의 의도를 살려야 한다는 부담감이 모형을 만드는 내내 손길 하나하나를 조심스럽게 만들었다. 결과적으로 건축가의 의도를 최대한 살린 완벽한 모형을 만들어내면서 오랫동안 기억에 남는 작업이 되었다.

그것 말고도 박물관이나 전시관에 가면 만날 수 있는 익산의 미륵사지 모형이나 경주 안압지 모형, 황룡사 9층 목탑 모형도 직접 만들었다. 포항제철소·광양제철소 등 철제 건축물과 건설 플랜트 쪽 작업도 많이 했고, 배와 비행기 등 수많은 모형을 끊임없이 만들어냈다. 수많은 작품이 만들어졌지만, 비록 모형이어도 나무로 만든 건축물에 애착이 많이 갔다. 그러다가 드디어 내 인생 최고의 걸작을 만나는 계기가 찾아왔다.

기흥성 모형을 이야기할 때 반드시 이야기되는 여러 개의 모형 가운데서도 최고의 작품으로 꼽히는 것인데, 바로 롯데월드 민속관을 만드는 작업에 참여하게 된 것이다. 그동안 독립기념관, 황룡사지 9층 목탑, 첨성대, 혼천의, 거북선, 중국 당나라의 장안성 도시 복원 등 다양한 고건축을 만들면서 우리 건축에 대한 노하우가 차곡차곡 쌓이기 시작했다. 그렇게 우리 건축 모형을 만드는 일은 최고라는 자신감이 붙었을 즈음, 새로운 작업이 맡겨졌다.

88서울올림픽을 한 해 앞둔 1987년, 롯데월드에서 우리나라의 궁궐을 축소한 모형을 만들어 전시하는 민속관을 만든다는 소문이 나고 얼마 뒤 우리에게 그 작업이 맡겨진 것이다. 실제 크기의 8분의 1로 만드는 방대한 작업이었다. 건물 하나를 대형 버스 크기로 만들어야 하는 어마어마한 작업이었다. 실제 건물 한 채를 고스란히 만든다는 심정으로 작업에 참여했다.

이미 오래전부터 고건축을 연구하고 다양한 관련 서적을 통해 우리 건축의 우수성을 익히 알고 있었다. 또 각 구조물의 특징과 복원에 중점을 둬야 할 부분들을 파악하고 있었다. 이미 경복궁 근정전을 절반으로 잘라 외부 구조와 내부 구조를 모두 구현해낸 모형을 만든 경험도 있었기에 작업에 큰 어려움은 없었다.

지금도 롯데월드 민속박물관에 전시되어 있는 경복궁 근정전 모형(1987년 제작)

　　롯데월드 담당자들도 민속관을 만들기로 결정하기 오래전부터 우리가 경복궁 근정전을 만들고, 우리의 고건축을 모형으로 만드는 작업을 몇 년간 지켜보고 있었다. 내게는 역시나 가장 잘할 수 있는 작업이랄 수 있는 근정전을 만드는 임무가 주어졌다.

　　1987년 1월 시작된 작업은 88서울올림픽 전까지 모든 작업을 마쳐야 할 만큼 시간이 촉박했다. 꼭 한번 만들고 싶었던 작품을 만드는 일이었기에 일은 즐거웠다. 몇 날 며칠을 밤새야 하는 피곤한 작업이 이어졌지만, 힘든 줄 모르고 작업은 이어졌다. 크기도 대단했지만, 오랫동안 남을 내 인생의 결작을 남긴다는 심정으로 석조를 구현하고 기와도 최대한 실물에 가깝게 만들어냈다. 실제 구조물을 축소했지만, 원형에 가깝게 문짝을 만들고 정밀하게 단청을 입혀 누가 보더라도 감탄을 자아낼 만한 작품을 만들겠다는 심정을 근정전 모형에 모두 쏟아부었다.

혼이 담긴 작품이라 여길 만한 대단한 작품이었다. 하지만 근정전을 만들면서 모든 혼을 쏟아낸 탓인지 롯데월드 민속관 작업을 마친 뒤 허탈함에 한동안 일이 손에 잡히질 않았다. 더는 새로운 작품에 대한 미련이 없게된 것이다.

# 2장 갈림길은 반드시 만난다

# 정점의 자리에서 새 길을 찾다

롯데월드 민속관 작업은 내 이름을 알리는 계기가 되기도 했지만, 내 인생에서 전환점을 만드는 일이기도 했다. 모형을 만드는 분야에서는 국내 최고라는 명성을 얻으면서 기흥성 모형에는 내로라하는 유명건축가들이 자주 찾아왔다. 건축가 김수근 선생을 만난 것도 그 당시였고, 천문학자 조경철 박사를 만난 것도 그 무렵이었다.

1990년 서울 종로구 와룡동에 있던 국립과학관이 국립중앙과학관으로 확대되면서 대전으로 이전하게 되었다. 1926년 설립된 이후 몇 차례 리모델링을 거치고 이름과 조직을 바꿨지만, 변모해가는 시대와 과학의 발전상을 전시하기에는 좀 더 큰 규모의 전시관이 필요하게 되면서 기존 과학관은 서울과학관(Seoul National Science Museum)이라는 이름으로 남게 되고 국립과학관이 대전에 새로이 지어진 것이다.

이 과정에서 과학관 내부에 목성과 토성 등의 우주 행성을 직접 체험할 수 있는 전시물을 만들 계획이 수립되고, 기흥성 모형 직원들이 전체 리모델링 작업에 투입되었다. 아이들이 직접 들어가서 행성을 체험할 수 있는 대형 구조물을 만들어야 하는 일이었기에 그동안 만들던 작은 모형들과는 또 다른 규모의 일이었다. 토성 고리가 지름 5m나 되는 큰 규모였고, 목성 역시 전체 지름이 2.8m가 되는 큰 터널로 내부 구조를 구현해내는 일이었다.

이번에도 내부에선 할 수 없는 일이라는 의견이 많았다. 경험도 없고 참고할 만한 샘플이 있는 것도 아니었기 때문에 득보다 실이 많을 거라는 의견도 나왔다. 장님이 코끼리를 더듬는 심정으로 하나하나 만들어가야 할 만큼 앞이 보이지 않는 일이었지만, 우리는 또다시 과감히 도전장을 내밀었다. 새로운 일에 늘 매력을 느끼던 나는 더 적극적으로 매달렸다. 새로운 아이디어를 쏟아내면서 일을 성사시켰다. 거대한 구조물을 표현하기 위해 석고로 8분의 1 크기의 모형을 만들고 당시 유행하던 재료였던 FRP(fiber reinforced plastics)로 제품 8개를 만든 뒤 이어 붙이는 방식으로 터널 구조물을 만드는 것도 그때 시도한 방식이었다.

누구도 하지 않은 일이었기에 완성해나갈 때마다 성취감이 컸다. 하지만 토성의 무늬를 넣는 일은 함부로 할 수 있는 일이 아니었다. 그때 도움을 요청한 분이 조경철 박사였다. 당시 경희대학교 천문학 박사로 방송 프로그램에 자주 등장하여 다양한 천문지식을 전달하던 분이었다. 그분에게 자문하고, 직접 현장에서 조언을 들어가며 토성과 목성 등의 구조물을 완성해냈다. 육체적으로는 견디기 힘들 만큼 어려움이 많았지만 즐겁다는 이유 하나로 견뎌낼 수 있었다. 누구도 시도하지 않은 일을 해냈다는 자부심이 대단했던 일이었다. 안타깝게도 FRP 재료의 환경오염 문제가 제기되면서 최근 행성 구조물이 철거되는 비운을 겪었다. 결국, 젊은 시절의 열정으로 완성해낸 작품은 지금 사진 몇 장으로만 남아 있다.

롯데월드 민속관 등 대형 프로젝트를 마친 뒤 하는 일에 조금씩 지쳐가기 시작했다. 열정 하나로 10여 년 세월을 오직 앞만 보고 달려왔다. 그런데 돌아보니 내게 남은 것은 아무것도 없다는 생각이 들었다. 일에 대한 회의도 들기 시작했다.

우리가 만든 작품들은 모두 의뢰한 장소에 있었다. 기념관이나 박물관, 완공된 건설현장에 가 있거나 전시관 한쪽에서 사람들의 시선을 받고 있었다. 하나하나 만들어낸다는 성취감은 있었지만, 정작 내게 남은 것은 실속 없는 명성뿐이었다.

당시 기흥성 대표는 완성한 작품을 사진으로 남기는 일에 인색하셨다. 사진 찍는 일을 너무나 강하게 거부하셨고, 몰래 찍다 걸리면 호통을 치실 만큼 싫어하셨다. 그렇기에 작품이 완성된 뒤에도 누구 하나 사진으로 남길 엄두를 내지 못했다. 사무실에서 먹고 자던 나는 마음만 먹으면 언제든 사진으로 남길 수 있었다. 하지만 사장님이 싫어하는 일은 하고 싶지 않았다. 뭔가를 열심히 해낸 것 같지만, 내게 남은 것은 아무것도 없었다. 납품이 끝나고 나면 사진 한 장 남지 않았고, 긴 시간 내 손길을 거쳐 나간 작품들에서 내 이름은 사라지고 모두 기흥성 모형의 작품으로 남았다. 내 손길을 떠난 그 순간부터 그 작품은 내 것이 아니었다. 지금도 기흥성 모형의 대표작이라 소개되곤 하는 작품의 상당수가 내 손을 거친 것들이지만, 그 어디에도 내 이름은 없다.

내 삶이 작품 속에서 조금씩 소멸하고 있다는 생각이 들면서 온전히 내 세상이었던 기흥성 모형의 바깥세상이 보이기 시작했다. 후임으로 들어온 직원들이 기술을 익히기 무섭게 곁을 떠나고, 함께 고생했던 동료들이 새로운 회사를 만들어 독립된 길을 찾아 떠나갔지만, 나는 기흥성 모형을 나만의 우주라 여기며 살았다. 그 작은 회사가 나만의 세상이었다.

1980년대 말에는 KBS 방송 프로그램에 출연하여 대학 졸업장이 없어도 충분히 성공할 수 있다는 취지의 방송에 출연하여 기흥성 모형에서 일하는 것이 영광이라고 말한 적이 있을 정도였다. 내게 기흥성 모형은 삶 자

1986년 기흥성 모형 공사 재직 시절, 토성 모형에 색을 칠하고 있는 필자의 모습(왼쪽)

체였고, 내 인생은 그곳에서 정점에 올라 있다고 생각했었다.

내 실력을 인정한 선배들, 경쟁 관계에 있는 동종업체 관계자들이 두 배 넘는 월급을 주겠다며 이직을 권유할 때도 눈 하나 깜짝하지 않던 시절 이었다. 의리를 가장 중요하게 여겼고, 오히려 사장님 편에 서서 다른 사람을 설득할 만큼 애사심이 대단했다. 그런데 내가 하는 일에 회의를 느끼는 순간 더는 일할 의욕이 생겨나질 않았다.

짧은 학력에 흔히 말하는 배경도 '빽'도 없었지만, 오직 실력 하나를 인정받으면서 지금의 자리에 올라오게 해준 회사였다. 내게 명성을 주고, 수많은 대학교와 63빌딩, MBC 방송국과 잠실 주경기장 등등을 만들면서 방송에도 출연하고 수많은 명사를 만나고 대통령과 악수를 하는 등 많은 추억을 남긴 곳이었다.

일이 즐거워 집보다는 회사를 더 사랑했었지만, 떠날 때는 미련이 없었다. 사직 결심을 이야기하고 사표를 내밀었을 때 가장 극렬하게 반대한 분이 사장님이셨다. 다시 한번 생각해보라며 시간을 주셨지만, 이미 입 밖으로 사직을 말한 그 순간 관계는 깨진 거라 여겼다. 사장님에 대한 의리라는 생각에 경쟁업체로 가진 않았다. 일에 회의를 느끼고 나온 터라 같은 일을 다시 하고 싶지도 않았다. 전혀 새로운 일을 하고 싶었다. 하지만 세상은 내가 생각했던 것처럼 호락호락하지 않았다. 결국, 내가 할 수 있는 일은 10년 가까이 내 밥벌이를 책임지던 모형을 만드는 일이었다.

기흥성 모형에서 안주했었다면 편안한 삶을 보장받을 수 있었겠지만, 정점의 순간에 자리를 박차고 나오면서 삶의 새로운 길을 발견하는 계기가 만들어질 수 있었다.

■
대전 국립중앙과학관에 전시되었던 토성과 목성 모형

# **실패의 기억도** 소중했다

이 나이가 되고 보면 등산으로 소일하거나 시간은 많은데 할 게 없어 고민이라는 친구들을 자주 만나게 된다. 시간을 보낼 만한 마땅한 거리나 자기 나이에 맞는 일을 찾지 못해 허송세월하는 또래를 만나는 일도 어렵지 않다.

모두 나보다 더 배운 친구들이다. 내가 세상에 나가 한 푼이라도 더 버는 데 집중할 동안 부모님의 도움을 받아가며 편안하게 학교에 다니면서 젊은 시절부터 승승장구하던 친구들이다. 그들은 한때 잘나가는 회사에 다닌다고 큰소리 좀 내던 친구들이고 지금도 중견 회사에 고위 간부로 근무하는 경우가 대부분이다. 하지만 경쟁에 밀리고 치고 올라오는 후배들에게 자리를 내주면서 위태로운 중년의 시간을 보내고 있다. 그런 친구들에 비하면 나는 행복한 편이다. 불러주는 곳이 많다 보니 가야 할 곳도 많고, 해야 할 일도 아직은 많이 있기 때문이다.

아직도 전 세계 많은 곳에서 나를 필요로 한다. 4D프레임을 배우고 싶다는 나라는 넘쳐나고, 지금도 많은 곳에서 강의해달라는 요청이 쇄도하고 있다. 그들보다 못 배웠고 불우하고 가난한 어린 시절을 보냈지만, 그들과 다른 삶을 살았기에 가능한 일이다.

어린 시절 내 삶은 실패의 흔적이었다. 내가 선택할 수 없는 실패였다. 태어나면서 부모를 고를 수 없고, 집안의 가난은 내 선택이 아니었다. 하지만 나는 내 어린 시절이 반드시 실패했다고 생각하진 않는다. 돈 많은 부모를 만나 편안하고 안락하게 어린 시절을 보내고, 부족함 없이 자라 좋은 대학을 다닌 것만이 꼭 성공한 인생이라 할 수 없기 때문이다.

어떤 삶을 살아왔는가는 인생에서 가장 중요한 기준이다. 결과도 중요하지만, 그 인생을 위해 어떤 삶을 살았고 어떤 길을 걸어왔는지는 그 사람의 인생을 평가하는 중요한 기준이다. 또 그 과정은 결과에도 큰 영향을 미친다. 살아온 과정은 성공을 증명하는 증표다. 과정에는 이야기가 담겨 있고, 실패의 기억과 만나고 헤어진 사람들의 기록이 담겨 있다.

내 어린 시절을 추억할 수 있는 사진은 없다. 다른 집엔 몇 장씩 있는 흑백사진조차 단 한 장도 가지질 못했다. 사진 한 장 찍을 형편이 안 될 만큼 집안 형편이 나빴기 때문이다. 중학교를 졸업하고 부산으로 내려가선 남의집살이부터 시작해야 했기에 사진은 더더욱 꿈꿀 수 없었다.

기흥성 모형에서 6년을 먹고 자며 보냈다. 회사가 집이었고 집이 곧 내 직장이었다. 이후에도 몇 년을 더 기흥성 모형에서 일했다. 사장님보다 더 회사를 사랑하는 직원이었고, 사장님 말이라면 숨소리마저 믿고 따랐다. 하지만 회사를 떠나는 그 순간 나는 퇴직금을 단 한 푼도 받지 못했다. 미련을 버린 그 순간 내 삶은 초기화되었다. 모든 것이 처음 그 자리로 되돌아와서 A부터 다시 시작하게 된 것이다.

내 재능을 인정한 많은 곳에서 나를 불렀다. 좀 더 나은 조건으로 데려가겠다는 업체도 많았고, 더 높은 직책을 제안하며 유혹하는 곳도 여럿 있었다. 하지만 나는 모든 것을 거부한 채 나만의 시간을 보내고 있었다.

오랫동안 몸담았던 회사를 버리고 경쟁사에 들어가는 것은 예의가 아니라 생각했다. 또 오랫동안 한 사람을 믿고 따르다 보니, 스스로 판단하고 내 생각대로 움직이고 싶어졌다. 오랜만에 생긴 여유를 즐기며, 사표를 던진 자의 달콤한 휴식을 즐기고 있었다. 그 시간 나는 기흥성 모형에서 보낸 시간을 복기했다. 일하면서 거쳐야 했던 어쩔 수 없는 실패를 되돌아보고, 사람과의 관계와 그 과정에서 만들어진 앙금들을 일일이 헤집어보았다. 그리고 나와 함께 청춘의 한때를 보낸 사람들을 떠올렸다.

세상 모를 만큼 순진한 젊은이로 들어와서 온갖 욕설과 꾸중을 들어가며 기술을 배웠고, 한 명의 일꾼으로 성장하자 제 갈 길을 찾아 뿔뿔이 떠나간 동료들이 생각났다. 결국, 나는 내가 가장 잘할 수 있는 일에 복귀했다. 모형 만드는 일을 다시 시작한 것이다. 하지만 누구 밑에 들어가서 직원으로 일한 것이 아니라 나만의 회사를 시작했다. 모형을 만드는 것 하나는 누구보다 자신이 있었기에 강남 쪽에 '에벤에셀 모형'이라는 이름으로 나만의 회사를 시작하게 되었다.


회사 문을 열기 무섭게 주문이 밀려들었다. 내 재능을 인정하는 사람들에게서 주문이 이어졌다. 이번에는 기흥성 모형이 아니라 온전히 내 이름을 가진 작품들이 만들어지기 시작했다. 에벤에셀 모형이라는 이름으로 만든 작품들이 전국의 모델하우스와 전시관, 박물관으로 퍼져나가기 시작했다. 울산 롯데백화점, 용산역사, 고흥 우주센터, 인천공항 등 다양한 작품이 이 시기에 만들어졌다.

그때부터 기흥성 모형 시절의 아픔이 떠올랐다. 키워놓으면 떠나가고, 숙련공이 될 만하면 퇴사해버리는 야속한 직원들을 더는 만들고 싶지 않다는 생각으로 매년 전 직원을 모아놓고 단체 사진을 찍었다. 단지 사진만 찍은 게 아니라 애사심을 가질 수 있도록 노력했다. 내 곁을 떠나간 수많은 동료를 생각하고, 그들과 만난 인연들을 생각했다. 그들과 내가 만난 과정 하나하나가 내 삶의 한 부분이라 여겼다.

그 과정엔 성공만 있지 않았다. 실패도 있고, 아픔도 있고, 미움도 있었다. 좌충우돌하는 과정에서 서로 관계가 형성되고, 삶이 발전하는 법이다. 살아온 과정이 이야기고 삶이다. 그동안 남들의 삶을 외면하고 오직 나 하나만을 위해 살았다면 이젠 남들을 배려하기 시작했다. 사장의 마인드를 가진 직원이 아니라, 사장이 되고 보니 내가 다시 보였다. 그래서 직원 하나하나를 소중히 여기게 되었다.

또 내 손을 떠난 작품들의 흔적이 하나도 남아 있지 않다는 안타까움이 모든 것을 기록으로 남기게 했다. 모형과 견적서 등 수많은 자료를 모두 보관하기 시작했다. 이제는 조금씩 등한시하고 있지만, 만든 모형은 아무리 작고 사소한 것이라도 절대 버리지 않았다. 버리는 것은 한순간이지만, 일단 버린 것은 다시 찾을 수 없는 법이다. 기흥성 모형에 다니던 시절 받았던 월급봉투며, 모형을 만들기 위해 참고했던 작은 브로슈어나 인쇄물들이 지금도 남아 있다.

어느 날 에벤에셀 모형 위층 사무실에 불이 난 적이 있었다. 불길이 우리 사무실까지 밀려 내려왔던 모양이다. 다행히 불길이 더는 번지지 않았지만, 그 열기에 사무실에 보관 중이던 모형들이 녹아내리는 엄청난 일이 발생했다. 그 불길에 녹슬고 녹아내린 모형이나 트로피들마저 지금도 보관하고 있다. 납품하고 나면 내 손을 떠나버리지만, 내 손길이 묻어 있는 모형들은 모두 기록으로 남겼다. 사진으로 남기고, 그 모형을 만드는 데 사용된 모든 기록은 작은 메모지 하나라도 버리지 않고 보관했다.

남들보다 학력이 짧다는 것이 내겐 어쩔 수 없는 콤플렉스였다. 그것을 극복하고 싶은 탓인지, 나는 '책탐'이 심하다. 습관처럼 책을 사 모으고, 외국에 나갔다가 돌아오는 가방은 언제나 책으로 한가득하다. 술을 안 마셨기에 남들이 술 마시는 돈으로 책을 산다는 심정으로 조금은 과하게 책을 사 모았다. 원서는 물론 돈 줘도 못 산다는 고가의 한정판들은 더욱 기를 쓰고 사 모았다. 학교에 다니지 못한 한은 지금도 사무실을 가득 채운 책으로 남아 있다.

# **결국,** 사람이 재산이다

내게 기흥성 모형은 애증의 회사다. 내가 보낸 젊은 시절은 대부분 기흥성 모형의 역사와 같이한다. 나이 들어 자리 잡은 첫 직장이었고, 내 젊음의 대부분을 보낸 곳이며, 내 재능이 가장 잘 발휘된 곳이다. 또 지금 내가 가진 모든 것이 만들어진 곳이며, 지금 내가 만나는 사람들의 상당수는 기흥성 모형에서 일하던 그 시절에 알고 지내던 사람들이다.

기흥성 모형에서 일하던 시절, 나는 누구보다 부지런했다. 성실했으며 오직 일밖에 몰랐다. 회사에서 먹고 자면서 하루를 온전히 일을 위해 보내던 시절이었기에 기흥성 모형은 내게 전부였다.

완성된 작품을 납품하기 위해 거래처에 가는 일이 유일한 외출이었다. 동료들은 그렇게 외출을 하면 내가 여유를 즐기길 바랐다. 납품을 마쳤으면 기왕 나온 김에 바람 좀 쐬고 여유를 즐기다가 사무실로 돌아가길 원했다. 하지만 나는 집이나 다름없던 회사가 더 편했다. 업무 때문에 하는 외

1986년 공사 중인 기흥성 모형 공사 사옥 앞에서

출일지라도 일이 끝나면 회사로 돌아가기 바빴다. 그랬으니 직원들 처지에선 내가 조금 얄미웠을 것이다.

1964년 개업을 하고 용산 쪽에 있던 회사가 마포로 사옥을 옮기던 1970년 중반부터 인연을 맺어왔기에 애사심이 남달랐다. 게다가 내가 너무나 좋아하는 일을 했던지라 사장님에 대한 애정도 깊었다. 누구보다 오랫동안 모시던 사장님이다 보니 성향도 잘 파악하고 있었다.

황해도 옹진이 고향이었던 기흥성 대표는 1.4후퇴 때 고향을 떠나온 뒤 자수성가하여 지금의 자리에 오른 분이다. 그분이 모형과 인연을 맺은 것은 군복무 시절 작전용 모형을 만들면서부터였다. 생전 처음 해본 일이었지만 능력을 인정받으면서 자신의 길이라는 믿음이 생겼고, 제대하자마자 일본으로 건너가 명인들 곁에서 자동차·비행기 등을 만들면서 도제식 수업을 하며 실무를 배웠다.

이후 건축가 김수근 선생 밑에서 건축 실무를 배웠고 독일의 건축 모형을 만드는 회사에서 건축 모형과 도시 모형을 공부하면서 지금의 자리에 올라선 분이다. 그렇게 정상에 올라선 분 곁에서 나무를 자르는 기초적인 일부터 차곡차곡 실무를 익혀가는 동안 내겐 존경심이 커졌다. 사장님에 대한 존경이 자연스럽게 애사심으로 발전한 것이다. 또 그것은 자연스럽게 주인의식으로 변했다.

직원들 처지에선 내가 회사에 가지고 있던 과한 주인의식이 얄미웠을 것이다. 사장님을 존경하다 보니 자연스럽게 감정이입이 되고, 모든 상황을 사장님 처지에서 생각하게 되면서 생겨난 주인의식이었다. '빽'도 없고 학벌도 변변치 않았지만, 내 재능을 인정해준 분이 사장님이었다. 당대의 명인으로 대접받는 분이 나를 인정해주는 것 자체를 성공으로 여기며 살던 때였다.

당시 모형으로는 일인자 대접을 받던 분이었기에 그의 기술을 배우려는 사람들로 언제나 넘쳐났다. 신문과 방송에 우리 회사가 소개되는 일이 잦아지면서 직원도 늘고 회사도 커졌다. 하지만 성격이 괴팍하고 직원들을 거칠게 대하는 경우가 종종 있었다. 작고 사소한 실수가 오랫동안 공들인 작업을 망가뜨릴 수 있으니 신경이 곤두설 수밖에 없었을 것이다. 실제로 손가락보다 작은 부품 하나를 잘못 붙이면 그 때문에 며칠간 밤잠 설쳐가며 만들어놓은 것이 무용지물이 되는 경우가 대부분이었다.

사장님에게 혼이 난 직원이 상처받고 회사를 떠나기도 했다. 하지만 나는 그런 사장님이 의지가 되었다. 오히려 나의 모델로 삼고 더 열심히 배웠다. 그 덕에 다른 직원들에 비해 과분한 사랑을 받았고, 돈은 아니지만 많은 노하우를 물려받았다. 기흥성 모형에 몸담고 있던 시절엔 일인자였던 사장님 아래서 기술을 배웠고 가장 사랑받는 직원이었기에 나는 이인자라는 자부심으로 살았다.

자부심과 다르게 일은 많았다. 유명세를 치르면서 더 많은 일이 몰렸고, 그중에는 납품기일이 촉박한 일도 내게 맡겨지는 경우가 많았다. 야근은 당연한 일이었다. 나처럼 사무실에서 먹고 자면서 생활을 하는 사람은 물론 집에서 출퇴근하는 사람들도 너무나 자연스럽게 야근을 하다 보니 집에 있는 시간보다 사무실에 있는 시간이 더 많았다. 오히려 집에 가는 것보다 사무실에서 아침을 맞는 사람이 많았고, 삼시 세끼는 당연하게 사무실에서 해결했다.

그때 직원들은 밥을 사서 먹는 게 아니라 회사 식당에서 해결했다. 당시에는 옥상에 있는 옥탑방을 개조해서 직원식당으로 사용했다. 식당에는 밥을 해주시는 아주머니가 한 분 계셨는데, 직원이 대부분 야근하다 보니 아침은 물론 점심과 저녁도 그분이 해결해주셨다. 이른 새벽 출근해서 아침을 준비하고 늦은 시간까지 저녁을 만들어주고 나면 언제나 퇴근이 늦었다.

사무실에서 먹고 자는 나를 위해 아주머니는 밤참을 따로 마련해주고 퇴근하시곤 했다. 그런 아주머니를 위해 필요한 것이 있으면 챙겨주었고,

1986년 동고동락했던 회사 동료들과 함께

어린 시절부터 가족과 떨어져 지내다 보니 어머니처럼 느껴지고 괜히 마음이 쓰여 더 열심히 챙기다 보니 서로 걱정해주는 사이로 지냈다. 나를 많이 챙겨주시고 귀여워해주시던 아주머니는 자기 조카를 소개해주며 둘이 좋은 관계가 되길 바랐지만, 사람의 인연이라는 것이 뜻대로 되는 건 아니었다. 안타깝게도 내게 위로가 되어주던 아주머니는 암으로 세상을 떠나시며 내게 커다란 슬픔을 안겨주었다.

　아주머니가 퇴근하고 늦은 시간까지 일하다 보면 출출해서 간식 같은 것을 사 올 때가 많았다. 늦은 시간까지 일하는 사람들이 출출할까봐 사무실에서는 미리 일정액을 야식비로 책정해두고 있었다. 그 범위에서 빵이나 과일을 사 먹으며 졸음도 쫓고 출출함도 달래곤 했다. 그땐 하나같이 예민했다. 잠은 부족했고 일은 밀리다 보니 사소한 일에도 폭발하는 경우가 종종 있었다.

박 모 선배가 있었다. 목포 사람이었는데, 실크인쇄를 잘해서 모형을 만드는 데 많은 도움이 되는 선배였다. 하루는 그 선배가 야식 심부름을 시켜서 슈퍼마켓에 빵과 음료를 사러 갔던 적이 있었다. 필요한 것을 묻고 그것을 사 오려는데, 선배가 간장이 필요하다고 말하는 것이었다. 선배도 피곤하고 나도 피곤했기에 왜 간장을 사 와야 하는지도 몰랐고, 선배도 왜 사 오라고 말했는지 몰랐다.

나중에야 선배가 사 오라고 한 것은 콜라라는 것을 알았고, 선배 역시 콜라를 말한다는 것이 피곤해서 간장이라고 말한 것도 알았다. 피곤함에 지쳐 있던 터라 아무 생각 없던 우리는 비슷한 색깔이라는 이유로 둘이 헷갈렸던 것이다. 선배가 바꿔 오라고 소리쳤지만, 피곤함에 지친 나는 싫다고 버티다가 큰 싸움이 난 적이 있다. 그때 선배가 패대기친 간장으로 사무실이 난장판이 되었다. 하지만 둘 다 피곤하다 보니 거기서 싱겁게 끝나고 말았다.

그래도 가장 기억에 남는 사람은 나보다 한 살 많았던 안경회 선배였다. 회사에 나보다 먼저 입사한 선배는 목공예를 배우고 입사한 나와 죽이 잘 맞았다. 나무를 잘라 모형을 만드는 게 가장 일반적인 일이었기에 이미 경진대회에서 입상까지 한 실력을 갖추고 있던 내 재능은 서로에게 도움이 되었다. '개비키'라 불리는, 두께 2~3mm 정도 되는 졸대를 만드는 잡일을 가장 많이 하게 되었다. 이후 모형을 만드는 데 쓰이는 다양한 재료를 활용하는 방법도 안경회 선배에게 배웠다. 아크릴이나 수지를 가늘게 자르는 일이나 금속을 구부리고 접는 일도 안 선배에게 배울 수 있었다.

기흥성 모형의 초창기 어렵고 힘들던 시절은 안 선배가 있어 위안이 되었다. 그 인연은 30여 년이 지난 지금도 이어지고 있다. 안 선배는 강화도에 옥토끼우주센터를 만들어서 지금은 성공한 사업가의 길을 걷고 있다.

기흥성 모형에서 일했던 사람 가운데 그래도 가장 자주 연락을 주고받고 정기적으로 안부를 묻는 사람이 안경회 선배다.

기흥성 모형에서 작업할 때 알코올램프에 아크릴을 녹여 모형을 만드는 데 사용하곤 했는데, 알코올램프에 붙은 불이 눈에 잘 띄지 않다 보니 살이 데거나 옷에 불이 붙는 경우가 많았다. 알코올램프 불에 녹이던 뜨거운 아크릴이 발등에 떨어져 살갗이 부풀어 오르거나 아크릴 자르는 칼이 엄지발가락 사이에 떨어져 크게 상처를 입는 경우도 종종 있었다.

힘든 시기였지만, 지금은 함께 일했던 동료들을 만나면 즐겁게 얘기를 나눌 수 있는 추억이 되었다. 그리고 그 힘든 시절을 함께 보냈다는 것 하나로 지금은 인생의 동반자로 자리를 잡고 있다. 돌아보면 결국 남는 것은 사람이다. 특히 힘든 한 시절을 함께 보낸 사람은 오랫동안 좋은 친구로 남게 된다. 결국, 내게 가장 큰 재산은 사람이었다.

# 빨대의 매력을 발견하다

4D프레임을 처음 생각해냈을 때, 가장 먼저 떠올린 것은 수수깡이었다. 하지만 우리가 어린 시절 가지고 놀던 수수깡이 지금 와서 대단한 놀이기구가 될 순 없었다. 시대가 변했고, 다양한 놀이기구가 쏟아지는 상황에서 수수깡으로 만든 놀이기구가 나온다는 것은 일회성 이벤트에 그칠 것이 뻔했기 때문이다.

에벤에셀의 한 귀퉁이에 어린이용 교구나 새로운 놀이기구를 만들겠다고 별도로 회사를 차렸지만, 시간이 흘러도 큰 진전은 없었다. 심지어 에벤에셀이 모형을 만들면서 번 돈이 놀이기구를 만들기 위해 차린 회사에 소득 없이 투자되면서 성공에 대한 믿음이 흔들리고 있었다. 처음 의도와 달리 새로운 회사 업무에 투입된 직원들 역시 모형을 만드는 것이 아니라 결과를 알 수 없는 일에 투입되는 것에 대한 불만이 쌓여갔다.

가볍고 유연하며, 구하기 쉽고 누구나 간단히 만들 수 있는 것이 빨대다.

　진전 없이 흘러가는 시간에 지쳐갈 즈음, 수수깡의 대안이 될 만한 제품이 생각났다. 그것은 '빨대'였다. 어린아이들을 위한 놀이도구를 만들면서 생각했던 '가볍고, 구하기 쉽고, 누구나 간단하게 만들 수 있어야 한다'는 전제조건을 모두 갖춘 것이 빨대였다.

　속이 비어 있어 가볍고, 어디서나 구할 수 있을 만큼 흔하며, 누구나 구부리고 접을 수 있을 만큼 유연했다. 처음부터 재료에서 가장 중요한 것은 유연성이었다. 그렇다 보니 대나무를 비롯하여 옷걸이, 철사, 아크릴 등 많은 재료가 연구대상으로 활용되었다. 많은 아이가 간편하게 활용하려면 주변에서 쉽게 구할 수 있는 것도 재료를 결정하는 중요한 전제조건이었다.

　하지만 실제 재료로 만들어 사용할 때마다 한두 가지 문제점이 드러나기 시작했다. 가장 큰 문제점은 역시나 안전성이었다. 게다가 오랫동안 모형을 만들면서 수많은 재료를 활용해봤던 경험으로 자연스럽게 빨대를 선

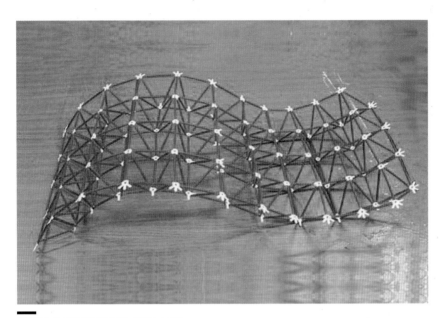

유연성은 4D프레임의 핵심이다. (트러스 구조)

택하게 됐다. 모형을 만들다 보면 다루기 쉬운 재료가 있는가 하면, 엄청난 힘과 시간을 들여야 원하는 형태로 만들 수 있는 것도 있고, 열과 불로 녹이고 데워야 하는 재료도 있었다.

잘 구부러진다는 것만으로 모든 것이 해결되지는 않았다. 그것 때문에 아이들이 다치거나 비용이 많이 든다면 만들지 않는 편이 나을 거라고 생각했다. 빨대는 그런 문제점들을 일시에 해결할 수 있는 충분한 대안이었다. 속이 비어 있기에 철사나 대나무 등 다른 재료를 넣을 수도 있고, 유치원에 다니는 어린아이들도 가위로 자를 수 있을 만큼 부드러운 재질이었다. 특히 빨대가 중요한 재료로 부상했던 것은 안전성 문제였다. 음료수를 빨아 먹는 용도로 쓸 만큼 안전한 재료라는 데에 믿음이 갔다. 아이들이 쉽게 만지고 입에 대도 안전하므로 모든 재료를 능가하는 최적의 재료였다.

어린 시절 수수깡으로 놀던 그대로 빨대만 있으면 모든 것을 만들 수 있다고 생각했다. 손가락으로 수수깡을 분지르듯 가위로 잘라내면 되는 일이었고, 속대로 크기를 늘리고 둥글게 말아 넣을 수 있도록 연결할 수 있었다. 게다가 빨대는 아이들이 어디서건 부담 없이 구할 수 있는 제품이어서 친근했고, 아까워하는 마음 없이 잘라낼 수 있었다.

처음에는 시중에 판매하는 빨대를 그대로 사용했었다. 하지만 시제품을 만들어 사용하다 보니 기존 빨대로는 제품을 만드는 데 아쉬운 부분이 많았다. 그중 가장 큰 단점은 너무나 부드러운 재질이라서 조금만 구부리면 유연하게 휘는 게 아니라 뚝뚝 구부러진다는 점이었다. 조금만 길게 늘이면 쉽게 휘는 것도 제품으로 사용할 수 없는 치명적인 단점이었다.

오랫동안 고민하다가 기존에 나와 있는 빨대가 아니라 새로운 빨대형 연결봉을 직접 만들었다. 그런데 이번엔 너무 두껍게 만든 게 문제였다. 볼펜처럼 두껍게 만들자 강도도 좋고 제품이 튼튼해지는 장점은 있었지만, 휘거나 자르기가 쉬웠던 기존 제품의 장점은 모두 사라졌다.

그래서 결정한 것이 빨대의 두께를 조금 더 키우는 것이었다. 폴리프로필렌(polypropylene)으로 만든 연결봉은 빨대와 비교하면 더 두꺼워졌지만, 연질재료였던 까닭에 부드럽고 유연했으며 쉽게 잘렸다.

거기에 더해 빨대를 재료로 선택한 가장 중요한 이유는 원제품 자체를 만들기 쉽다는 점이었다. 공산품이었기 때문에 아무리 저렴하게 만들려고 하더라도 기본적인 비용이 들었다. 그중에서 가장 비싼 것이 인건비였는데, 그걸 줄일 방법을 고민하다가 찾아낸 것 역시 빨대 구조였다. 워낙 흔하게 만들어지는 것이었기에 가공할 수 있는 곳이 많았고, 대량 생산이 가능해서 제작비용 자체를 충분히 낮출 수 있었다.

빨대를 선택했다고 해서 모든 게 끝난 것은 아니었다. 빨대와 빨대를 연결할 수 있는 커넥터가 필요했다. 처음에는 모형을 만들면서 자연스럽게 사용했던 아크릴을 활용했다가 가공이 쉽지 않다는 단점에 직면하게 되었다. 다양한 재료를 고민하다가 구부리기 쉽고 만들기 쉬운 철사 재질로 커넥터를 만들어 사용했다. 원하는 용도를 대부분 수용하는 재료였기에 한동안 활용되었지만, 시간이 지날수록 안정성 문제가 제기되기 시작했다.

그때 선택된 재료가 구부리기 쉬운 PP였다. 연질 플라스틱 재료였기에 가공이 쉬웠고, 여러 개의 커넥터를 갖춘 꽃 모양을 만들자 다양한 활용 방안이 쏟아져 나왔다. 이후 자유로운 가공이 가능한 커넥터를 활용하여 꽃, 곤충, 동물, 기하학 구조물, 다리, 비행기와 같이 다양한 모양을 만들어내게 되자 스스로도 놀라지 않을 수 없었다.

제품이 완성된 뒤 이름을 고민했다. 이런저런 이름들을 떠올리다가 처음에는 색깔이 다른 빨대로 입체 그림을 그린다는 점에 착안하여 '입체 그림물감'이라 이름을 붙였다. 하지만 뭔가 억지스럽고 제품을 제대로 표현하기에는 부족하다는 생각이 들었다.

# **제3의 흙**, 4D프레임

제품은 만들었지만 마땅한 이름이 떠오르지 않았다. 다양한 이름을 만들어놓았지만, 어느 것 하나 마음에 들지 않았다. 새로운 이름을 고민하던 어느 날, 성경을 읽던 중에 흙이라는 단어가 새롭게 다가왔다. 흙으로 사람의 형상을 빚고 그 코에 생기를 불어넣어 사람을 만들었다는 대목이 내내 맴돌았다. 그때부터 흙이라는 것이 대단하게 느껴지기 시작했다.

씨앗이 떨어져서 싹이 트고, 꽃이 피고, 그곳에서 열매가 맺히는 것도 신기했다. 같은 흙에서 나고 자랐는데 빨간색·노란색·파란색 등 형형색색 열매로 자라고, 단맛·신맛·쓴맛 등 다양한 맛이 나는 점이 놀라웠다. 사람이 딛고 다닐 수 있는 땅의 재료도 흙이었다. 게다가 물과 섞으면 다양하게 빚을 수도 있기에 다양한 형태로 만들 수 있는 것이 4D프레임과 닮아 있었다.

구부릴 수 있고, 자를 수 있고, 연결할 수 있고, 그것을 통해 정해진 것

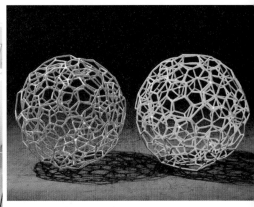

박스피어(좌,우)
4D프레임으로 만든 분자 모형으로, '박스피어'
라는 이름은 마리아나 백 관장이 지어주었다.

을 만드는 게 아니라 내가 원하는 것을 만들 수 있는 게 4D프레임의 특징
이다. 형태가 정해져 있는 게 아니라 내가 원하는 것을 마음껏 만들 수 있
다는 점을 닮았기에 '제3의 흙'이라고 이름 짓게 되었다. 제한이 없고, 자유
롭게 상상하고 표현하고자 하는 모든 사물을 만들어낼 수 있는 만능 재료
가 4D프레임이다. 이러한 4D프레임의 큰 특징인 유연성 때문에 4D프레임
을 자연스럽게 '제3의 흙'이라 부르게 된 것이다.

유연한 사고는 디지털 시대의 생존전략이라고 할 수 있다. 디지털 시대
의 교구도 표현 능력이 유연해야 한다. 이미 공장에서 만들어져 나올 때부
터 제한된 틀을 갖는다면 아이들의 상상력과 창의력도 제한받을 수밖에
없을 것이다. 이처럼 제한된 틀을 벗어나 자유롭게 표현할 수 있는 것이 무
엇일까 고민하는 과정에서 만들어진 것이 4D프레임이다.

또 다른 이름 4D프레임(4D Frame)의 사전적 의미는 'Fourth Dimension
(4차원)'의 4D와 'Frame(틀 또는 뼈대·구조·짜임새)'으로 이루어진 합성어
다. 눈에 보이는 것을 삼차원(3D)이라고 하는데 사람으로 치면 사람의 모

습, 육체가 3D일 것이고 보이지 않는 것, 즉 '영혼'이라 불리는 것이 4D가 아닐까 싶다. 이는 사람의 생각, 마음, 내면의식, 꿈(4D) 등 눈에 보이지 않는 무한한 것들을 프레임(Frame)이라는 '유연한 연결봉과 연결발'을 사용하여 눈에 보이는 점, 선, 면, 입체로 표현하는 것을 의미한다. 하나로는 별다른 의미를 지니지 못하는 한 개체(점: 0차원)가 또 다른 개체와 만남으로써 선(1차원), 면(2차원), 입체(3차원) 등 궁극적으로 표현하고자 하는 사람의 생각과 내면의식까지 나타낸다는 것을 뜻하기도 한다.

세상에는 보이는 것과 보이지 않는 것, 두 가지가 공존한다. 그래서 이름을 지을 때, 보이는 것을 상징하는 프레임과 보이지 않는 4D를 합성해서 지었다. 또 4D라는 이름에는 꿈(dream), 다시 말해 아이들이 가지고 있는 상상의 나래를 4D프레임을 통해 마음껏 펼쳐나가라는 뜻을 담았다. 이름을 4D빨대라 하지 않고 굳이 외국어인 4D프레임이라 한 까닭은 글로벌 시대에 맞춰 국내에 머물지 않고 세계시장으로 나아가려는 의지를 담은 전략적 표현이기도 하다.

또 다른 하나는 4D프레임이 지닌 장점을 설명하는 것이다. 다른 것과 협업이 된다는 점, 즉 원하는 것은 무엇이건 호환되기 때문에 낯설지만 서로 잘 어울린다는 의미에서 지은 이름이다.

4D프레임을 만들면서 레고나 자석 블록 등 비슷한 아동용 완구들을 연구해보았다. 그 과정에서 놀라운 점을 알게 되었다. 비슷한 놀이기구를 아이들이 생각보다 쉽게 싫증을 내더라는 것이다. 왜 그런지 유심히 지켜보다가, 레고나 자석 블록과 같이 정형화된 제품들이 가진 치명적인 약점을 발견하게 되었다. 이미 공장에서 생산되어 나올 때부터 크기와 모양이 정해져 나온 것에는 분명한 한계가 있었다.

이미 그것을 통해 만들 수 있는 모범답안이 정해져 있고, 정형화되어 있는 틀을 벗어나는 것의 한계가 있다 보니 쉽게 싫증을 느끼게 되었던 것

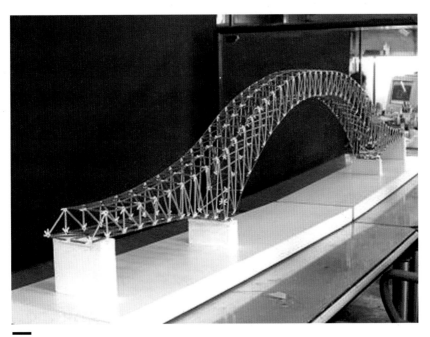

2003년 제작한 한강 방화대교 모형

이다. 공장에서 만들어져 나올 때부터 크기와 모양이 정해지고 그 틀에 맞춰 아이들이 조립만 하면 되니까 원하는 결과에 빨리 도달할 수 있는 장점은 있다. 하지만 그것이 오히려 가장 큰 단점이었다.

정형화된 것들은 매뉴얼대로 정해진 순서를 따라 하다 보면 정해진 작품을 만들 수는 있지만, 내가 원하는 대로는 할 수 없다는 알게 되면서 좌절하는 것이다. 사람은 남을 따라가는 것보다 내가 하고 싶은 것, 내가 좋아하는 것을 하는 게 행복하다. 그런데 그런 과정을 생략하고 결과에 도달할 수 있게 모듈화되어 있으니까 금방 싫증을 느끼는 것이다.

4D프레임은 부드러운 재료이다 보니 필요에 따라 구부리거나 꺾기도 하고, 크기가 맞지 않으면 자르거나 연결하여 길이를 늘일 수 있고, 속에 틈이 있으니 튼튼하게 보강할 수도 있다. 더 강한 재료가 필요할 때는 철근 콘크리트처럼 철사를 집어넣거나 대나무 같은 것을 사용해 튼튼하게 보완

① 두레학교 학생들이 시에르핀스키 피라미드를 협동하여 만들고 있는 모습
② 2016년 5월 5일 어린이날 광화문 광장에서 열린 4D프레임 체험 행사

할 수 있다.

실질적으로 가위로 잘라서 똑같은 삼각형을 만드는 게 아니라 각기 다른 삼각형을 만들 수 있다. 각기 다른 내 생각을 글로 표현하는 게 아니라 공간으로 표현하고 생각한 것을 디자인하게 되는 것이다.

최근에는 4D프레임을 좀 더 다양하게 활용하는 사용자가 늘어나고 새로운 제품을 원한다는 필요성이 대두되면서 '4D슈퍼프레임'을 만들게 되었다. 혼자 책상에 앉아 만들던 작은 4D프레임을 넘어 여럿이 협업하여 대형 구조물을 만드는 아이들이 늘어났기 때문이다. 그러다 보니 아이들의 키보다 더 크고, 인근에 있는 자연물보다 더 높은 모양을 4D프레임으로 만드는 아이들에게 좀 더 다양한 재료를 제공하려는 의도로 만들게 된 것이다.

최근 만들기 시작하는 시에르핀스키 삼각형 구조물의 경우 1단계 작업으로 만든 13cm 크기 작품 네 개가 모여 2단계에서 26cm가 되고, 다시 이것이 4개가 모여 3단계, 다시 4단계, 5단계를 거쳐 6단계에서는 그 높이가 약 4m 20cm에 이르게 된다. 그런데도 가벼운 무게 때문에 아이들은 충분히 원하는 규모로 작품을 만들 수 있다. 이렇게 만들 수 있는 것은 4D프레임이 무엇보다 가벼운 재질이기 때문이다. 다른 재료로 이렇게 만들 수 있는 사례를 찾기는 어렵다.

6단계를 거치는 과정은 혼자 만들기 쉽지 않다. 그래서 많은 아이가 함께 어우러지게 되는데, 그 과정에서 아이들은 4D슈퍼프레임을 통해 협동심·자신감·창의력·공간지각력 등을 배우게 될 것이다.

# 3장 남들이 먼저 인정한 매력

# **연결봉과** 연결발

우리의 시작은 지금도 사람들이 빨대라고 말하곤 하는 연결봉(tube)과 연결발(connector, bridge)이라 불리는 두 개의 모형이었다.

오랫동안 모형 만드는 일을 천직으로 여기며 살다가 내 인생이 바뀐 것은 레이저 조각기 때문이었다. 원하는 모양으로 자유자재로 자를 수 있는 신기한 기계였는데, 처음 보는 순간부터 나를 사로잡았다. 손에 칼을 잡고 힘주어 자르던 시절과 달리, 모양만 그려주면 척척 잘라내는 기계는 그야말로 신세계였다.

사연 많은 일을 겪어내면서 이제 다른 일을 해야겠다는 생각을 하게 되었다. 그때 머리를 스치고 지나간 것이 논밭을 자유롭게 뛰어다니던 어린 시절, 못 만들 게 없었던 수수깡과 우리나라 고건축이 만들어지는 원리였다. 그것을 다른 방식으로 풀어내는 것으로 돌파구를 마련해야겠다는 생각이 들었다. 그런 생각이 레이저 조각기를 만나자 급물살을 탔다.

오랫동안 모형 만드는 일을 해왔기에 만드는 일은 누구에게도 지지 않을 자신이 있었다. 비행기나 자동차, 크고 작은 건물은 물론 유명한 문화재도 척척 만들 만큼 뛰어난 실력을 갖췄지만, 한옥 모형을 가장 잘 만든다는 소리를 듣던 때였다. 이미 롯데월드 전시관에서 사람들에게 가장 많은 사랑을 받는 경복궁 모형을 만든 것으로 인정받고 있었다.

이후 수많은 한옥 모형을 만드는 일에 참여했으며, 수많은 연구 자료와 박물관, 문화재청의 관련 자료를 섭렵하면서 누구에게도 뒤지지 않을 한옥 관련 지식을 갖추었다. 특히 못 하나 쓰지 않고 오직 '짜맞춤'으로 건물 하나를 완성해내는 우리 고건축의 매력에 흠뻑 빠져 있었기에 그걸 다른 방식으로 풀어내고 싶었다.

한옥은 전 세계를 통틀어 가장 독특한 방식의 건축물이다. 서양의 건축물들이 산을 깎고 물을 막은 위에 위압적으로 만들어지는 것과 달리 한옥은 원래 그 자리에 있었던 것처럼, 철저하게 자연 친화적으로 만들어지는 건축물이다. 만들어진 그 자체가 자연 일부로 오롯이 자리를 지키고 있을 뿐 아니라 소재 역시 자연에서 나오는 날것 그대로를 사용한다. 산에서 자라는 소나무와 우리가 늘 밟고 다니는 흙, 주변에서 흔히 볼 수 있는 돌이 한옥을 만드는 중요한 재료다. 인간이 만들어낸 콘크리트나 공장에서 만들어내는 인공적인 재료가 아니다.

거기에 한옥이 더욱 우수한 것은 못을 사용하지 않고 홈을 파서 끼워 만드는 짜맞춤 건축이라는 점이다. 짜맞춤의 우수성은 만드는 것에서 그치지 않는다. 만드는 것보다 더 돋보이는 것은 분해할 때다. 수명이 다하거나 부지를 다른 용도로 사용하게 되면서 철거해야 할 때 서양의 건축물은 부숴버리는 게 답이지만, 한옥은 기계처럼 수명이 다한 목재를 부분적으로 교체하여 수명을 연장하거나 분해하여 다른 곳으로 이동해 재조립할 수도 있기 때문이다.

안동 하회마을에서 서애 류성룡 대감의 집인 충효당보다 더 사랑받는

하회마을 담연재
한옥의 우수한 건축 방식인 짜맞춤은 분해조립이 자유로운 4D프레임과 기본 원리가 같다.

집이 탤런트 류시원의 집 담연재(澹然齋)다. '맑고 편안한 마음으로 학문을 익히면 지혜와 뜻이 널리 퍼진다'는 뜻을 담아 류시원의 아버지 고(故) 류선우 씨가 직접 지은 집이다. 하회마을에서 언제든 자유로운 관람이 가능하도록 류성룡 대감의 후손이 문을 열어둔 충효당은 슬쩍 보고 지나가면서, 문을 꼭꼭 걸어둔 담연재 앞에서는 수많은 관광객이 발걸음을 멈춘다. 아무도 살지 않기에, 굳게 잠긴 대문 틈으로 집 안을 들여다보는 것으로 아쉬움을 달래곤 한다.

수많은 사람이 다녀가면서 류시원이 그곳에 살지 않는다는 사실에 실망하지만, 정작 담연재가 하회마을엔 없던 집이라는 사실을 아는 사람은 많지 않다. 옆집과 어울림이나 마을에서 건물이 차지하는 위치, 건물에서 풍기는 연륜 때문에 관광객들은 담연재가 원래부터 그 자리에 있던 집이라 믿는다. 하지만 그 집은 기자였던 류시원의 아버지가 다른 지역에서 헐릴 위기에 처한 한옥을 사들인 뒤 하회마을로 옮겨와 다시 지은 것이다.

경복궁 복원에 참여한 도편수 신응수 선생과 그의 스승인 고(故) 이광규 선생이 한옥 만드는 일을 함께했기에 담연재는 더욱 빛날 수 있었다. 또 자유롭게 분해조립할 수 있는 한옥의 특별한 기능이 있었기에 가능한 일이었다. 그렇게 신비로운 건축물을 작은 모형으로 만들다 보면 분해조립이 가능하다는 것이 얼마나 큰 장점인지를 더욱 절실하게 깨닫는다.

거대한 규모의 건축물을 미세한 모형으로 만들다 보면 수치의 미세한 오차에도 완성품의 모양이 달라지는 상황과 종종 만나게 된다. 이럴 때 분해조립이 가능한 한옥의 원리는 큰 도움이 된다. 한옥을 수리하는 과정이 그랬던 것처럼 잘못 만들어진 부분만 새로운 부품으로 교체하여 재조립하면 되기 때문이다. 모형을 만드는 일을 천직으로 여기다가 새로운 일을 해야겠다는 생각이 들었을 때, 이런 장점을 최대한 활용해보고 싶었다. 그러다가 생각난 것이 어린 시절 놀이 문화였다.

강원도 산골에서 어린 시절을 보내다 보니 변변한 장난감이 없었다. 온 산천이 놀이터였고, 주변에 나고 자라는 잡초마저도 장난감이었다. 봄이면 지천으로 나고 자라는 물기 가득한 풀잎으로 피리를 만들어 불었고, 가을이면 들판에 아무렇게나 자라는 갈대가 놀이도구였다. 수수깡 껍질을 벗겨 외부 프레임을 만들고, 스티로폼을 닮은 속살은 껍질을 끼워 고정하거나 길이를 조정하는 재료로 사용하여 다양한 장난감을 만들었다. 총을 만들거나 안경을 만드는 것은 기본이었고, 집이나 배, 비행기를 만드는 일도 가능했다.

홈을 파서 짜 맞추는 한옥의 구조와 수수깡으로 다양한 장난감을 만들던 생각이 어우러지자 재미난 놀이도구가 만들어졌다. 한옥의 중심이 되는 기둥이나 수수깡의 겉껍질을 대신할 수 있는 재료를 빨대에서 발견한 것이다. 하지만 패스트푸드점에서 음료와 함께 제공되는 실제 빨대는 완성품이 나왔을 때 버티는 힘이 부족했기에 조금은 단단한 재료로 만들어진 빨대가 필요했다.

이것저것 만들어보다가 찾아낸 것이 PP라 불리는 재료였다. 연질재료인 폴리프로필렌으로 만들어 튼튼한 연결봉으로서 충분했다. 부드럽게 구부러지고 서로 쉽게 연결할 목적이어서 빨대처럼 속을 비웠다. 연결봉과 연결봉을 이을 일자형·십자형 연결발도 함께 만들었다.

처음 연결봉을 만들었을 때 재료는 가늘지만 단단한 재질의 철사였다. 클립보다 가늘지만 견디는 힘은 강한 철사형 재질로 만들어진 연결봉은 오래가지 못했다. 제품의 주된 사용자인 어린아이들이 가지고 놀기에는 위험한 부분이 많았다. 철사라는 재질은 작고 단단한 데다 절단면의 날카로움이 흉기가 될 수도 있다는 생각이 들었다. 결국 철사 재질로 만든 연결발은 연결봉과 같은 재질인 폴리프로필렌으로 교체되었다. 재료 교체는 철사와 비교하면 어린아이들이 좀 더 쉽게 가공할 수 있는 장점으로 작용하기도 했다.

이후 변화를 거듭하면서 연결발 종류를 늘렸고, 연결봉도 2cm부터 30cm까지 다양하게 만들었다. 연결봉 색깔도 흰색·검정·은색·주황·연두·노랑·파랑·보라 등으로 다양해졌다. 이 가운데 가장 많이 쓰이는 연결봉의 길이는 7cm였다. 이것은 아이들이 무엇인가를 만들었을 때 보기에도 좋고 크기도 가장 그럴듯하게 만들어지기 때문이다.

# **나도 모르는** 4D프레임의 매력

얼마 전 유시민 작가가 목포를 여행하는 TV 프로그램에 나와서 진도의 맛집을 소개한 적이 있다. 오랫동안 다닌 순댓국집에 함께 출연하는 동료를 데리고 가면서 '세상에서 두 번째로 맛있는 순댓국'이라고 말하는 장면이 나왔다. 같은 프로그램에 나오는, 음식에 대한 자부심이 남다른 음식 평론가 황교익 씨는 두 번째로 맛있다고 말하는 것에서 신빙성이 느껴지지 않는다며 유시민 작가의 입맛을 신뢰하지 않았다.

그러자 유시민 작가는 세상의 모든 순댓국을 다 먹어본 것은 아니니 그 집 순댓국을 세상에서 가장 맛있는 순댓국이라고는 차마 말할 수 없다고 했다. 그러면서 자기가 못 먹어본 어느 집 가운데 세상에서 가장 맛있는 순댓국이 있을지도 모르니 그 집 순댓국을 세상에서 가장 맛있는 순댓국이라 치고 지금 자신이 가려는 순댓국집이 세상에서 두 번째로 맛있는 집이라고 말했다.

4D프레임으로 자신이 원하는 작품을 만들어본 사람들이 가장 많이 던지는 질문이 있다. 4D프레임으로 몇 가지 작품을 만들 수 있냐는 것이다. 그 질문에 대한 내 대답은 매번 달라진다. 솔직히 말하면 그 질문에는 정답이 없다. 아직도 만들 수 있는 모든 것을 다 만들어본 것이 아니고, 매번 새로운 완성품이 나오고 있기에 몇 가지를 만들 수 있다고 명확하게 말할 수 없는 것이다.

유시민 작가가 세상의 모든 순댓국집을 다 가보지 못했기에 지금 가려는 순댓국집이 첫 번째로 맛있는 집이라고 명확하게 말하지 못하는 것처럼, 만들 수 있는 모든 것을 다 만들어본 것이 아니기에 명확하게 몇 가지라고 말할 수 없다.

하지만 기본적인 7cm 연결봉에 2cm부터 30cm 사이에 3, 5, 6, 7, 10, 15cm 연결봉이 있고, 일자형·십자형·별 모양 등 연결발은 여섯 종류다. 이들 조합으로 만들 수 있는 작품의 수는 무궁무진하다. 게다가 4D프레임의 경우 상황에 따라 간단한 도구(가위) 하나로 연결봉의 길이를 마음대로 조절하여 쓸 수 있어서 선의 길이를 자유롭게 표현할 수 있다. 또 4D프레임의 가장 핵심적인 요소라 할 수 있는 연결발은 좀 더 다양한 작품을 만드는 데 유용하게 쓰인다.

연결봉과 연결발을 활용하여 비정형적인 다양한 곡선과 0~360도까지 자유롭게 각도를 표현할 수 있다. 또 가위 하나만으로 연결봉과 연결발을 원하는 길이로 자르고, 이어 붙이고, 구부림으로써 다양하게 확장할 수 있다. 이는 상상하고 사고하는 우리들의 이미지를 상황에 따라 유연하게 시각화시켜줄 수 있다. 즉 우리의 무한한 상상을 현실로 끌어낼 수 있도록 도와준다.

이는 보자기가 쓰임새에 따라 물건을 담는 가방이 될 수도 있고 허리를 묶는 끈도 될 수 있고, 바람 부는 날에는 여인의 머리를 감싸는 스카프가 될 수도 있는 것처럼 상황과 조건에 따라 교구의 유연성을 이상적으로 활용하여 상상하는 다양한 것을 표현할 수 있게 하는 장점이다. 여기에 더해, 사용자들의 필요에 따라 연결발의 배를 가위로 길게 자르면 연결봉의 두께를 줄일 수 있어서 봉의 빈 공간에 채워 넣는 방법으로 활용할 수 있고, 다른 봉 사이에 끼워 연결할 수도 있다.

두께가 다른 연결봉은 2발 또는 납작발과는 다르게, 나름대로 특별한 효과를 내는 데 쓸 수 있다. 이렇게 유연한 변주가 가능하다 보니 사용자의 활용도에 따라 다양한 이미지 표현이 가능하다. 최근에는 연결봉의 배를 가르는 불편함을 해소하고자 두께가 다른 연결봉을 별도로 출시하여 좀 더 다양한 작품을 만드는 데 활용할 수 있도록 배려했다. 이 방법은 가장 적은 재료로 튼튼한 구조물을 만드는 방법으로 활용되기도 한다.

가볍지만 튼튼한 구조물을 만들 수 있는 재료로 활용 가능하다는 장점은 학생들이 단체로 협동하고 협력하여 소통하는 재료로 쓰일 수 있게 한다. 그런 장점은 요즘처럼 개인주의가 팽배하고 혼자 놀기에 익숙한 아이들에게 집단 활동을 할 기회를 만들어준다. 한 사람이 유닛 하나를 만들고, 여러 명이 만든 유닛을 하나로 합치면 거대한 구조물이 만들어지는 경험을 할 수 있게 된다. 이와 같은 집단 활동을 하면서 어울림의 즐거움을 배울 수 있고 함께하는 과정에서 혼자의 힘은 적더라도 여럿이 모이면 큰 힘을 낼 수 있다는 협동심을 배울 수 있다.

본인이 원하는 여러 구조물을 한번 만들어보고 끝내는 것이 아니라 여러 번 활용할 수도 있다. 또 정형화된 형상물보다 자유로운 구조물을 표현할 수 있다는 것이 큰 장점이다. 축구공 만들기 과정을 통해 제작된 축구공들을 창의적인 구조나 패턴을 활용해 다음과 같이 다양하게 응용해볼 수 있다. 개별적으로 만든 축구공 여러 개를 다양한 방식으로 연결하여 얻은 새로운 모델들에 관해 탐구할 기회를 제공해준다. 또 개별적인 아이디어를 반영하여 자신의 스토리를 담은 창의적인 작품도 만들 수 있다.

# 우리는 상품을 팔지 않는다

다양한 상황이 발생하고 이에 따라 변화되는 모습이 예측할 수 없는 상황으로 변주했을 때 창의적인 아이가 더 많이 생겨난다. 아이에게 창의적인 사고를 심어주려면 어린 시절부터 다양한 놀이와 체험을 통해 수많은 상황을 경험하게 해주어야 한다. 이때 아이들이 체험하게 될 놀이의 재료들이 딱딱하거나 단단하고 안정된 재질이라면 대상을 명확히 표현하고 일관적으로 표준화하게 될 확률이 높다.

이미 정해진 결과를 가지고 아이들에게 같은 목적지에 도착하도록 유도하다 보면 이른 시간에 정확하게 원하는 결과물들을 얻는 데는 쉽다. 하지만 표준화되고 규격화되어 있기에 상황에 따라 변주된 변화를 만나게 되면 그동안 얻어진 결과들은 무용지물이 되고 만다. 이미 체득된 경험은 반영하기 어려워지고, 상상력과 창의력을 표현하는 데는 분명한 제한을 경험하게 된다.

재앙에 대항하는 자연의 처리능력을 보면, 살아 있는 생명의 문제해결을 위한 직관적이며 본능적 움직임과 견주어, 딱딱한 돌이나 콘크리트와 같이 생명이 없는 것들은 외풍과 외형적 변형에 버티지를 못한다. 이와 같이 표준화되고 규격화된 것은 작고 사소한 것이라도 고치기 어렵고 당면한 문제를 스스로 해결해나가는 일은 쉽지 않다.

창의적인 교육은 지우개처럼 지우고 고치고, 만들었다가 부수는 등 여러 번 시도할 수 있어야 한다. 점이나 직선 차원이라면 큰 차이가 없지만, 입체화되고 대형화한 경우에는 이러한 접근이 쉽사리 현실화되기 어렵다.

자연에서 느끼는 생명에 대한 경외심은 만물이 나름대로 장단점을 갖고 있다는 사실들을 발견할 기회를 주기도 한다. 꿋꿋하게 버티고 있는 튼튼한 고목, 소나무 등을 보면 때로 강하고 단단한 것이 오래가고 잘 버틴다고 여겨지고, 강건함이나 강직함을 표현하기도 한다. 한편 흐느적거리고 변화하기 쉬운 면을 갈대에 비유하기도 한다. 강건함은 좋으며 유약함은 좋지 않다고 생각하기 쉽지만, 태풍과 같은 강한 바람을 만났을 때 이러한 면은 오히려 독이 될 수도 있다. 강하기에 태풍에 적응하지 못해 쓰러질 수 있고, 유약하고 흐느적거리기에 강한 바람에도 꿋꿋이 버텨낼 수도 있다.

문제가 없을 때 좋지 않게 보이는 면이, 문제가 생겼을 때는 매우 강한 장점으로 승화될 수도 있다. 변화를 고려하지 않은 사물이라면 장점이 단점으로, 혹은 단점이 장점으로 보이기는 어렵지만, 예기지 못한 상황에서의 순응력을 보는 관점에서라면 소나무와 갈대가 지닌 장점을 서로 반대로 해석할 수도 있다. 사물 그 자체의 특징과 장점이 이처럼 그 사물을 어떤 면에서 보느냐에 따라 평범한 단점이 때로는 강한 장점으로, 강한 장점이 때로는 치명적인 약점으로 보일 수 있다. 이처럼 대상을 창의적으로 바라보는 시각은 매우 중요하다.

정형화된 것들은 매우 직선적이며, 곧고 딱딱하여 안정감과 튼튼함이 표현될 수 있다. 높이 쌓을 수 있고 튼튼하게 쌓을 수 있으며, 쉽게 복제할 수 있고 패턴화된 일정 규칙들을 지속해서 적용하여 꾸준히 생산해낼 수 있다. 현대화되면서 이에 수반된 교육체제 아래에 발전되는 많은 구조물 속에 우리는 자연스럽게 직선적이고 단선적이며, 직진성·복제성과 같은 추진과 개발, 달려가고 경쟁해야 하는 각박함이 무의식적으로 내면에 형성되어 있다고 본다.

반면 비정형화된 것들은 매우 곡선적이며 유연하고, 휘어지거나 꺾이기 쉽고, 훼손되기도 쉬워 보인다. 서로 꼬이고, 서로 의지하며, 문제가 발생하면 생명 있는 것들은 직진하다가 우회하기도 하면서 성장을 멈추지 않는다. 자연은 다양한 상황에서 조건이 변화해갈 때 자생적으로 적응해가는 비정형화된 생명의 움직임을 보여준다.

문제가 생겼을 때 스스로 복원하는 자연의 힘의 본질에서 공간의 유연성을 제공해주는 틈(공간), 순응함을 표현해줄 수 있는 변인의 유연성을 통찰해낼 수 있게 된다. 이러한 자연의 유연성과 활용 가능성을 극대화해 창의적 사고과정이 구현될 수 있도록 교구의 물성을 잘 구현해내는 것은 매우 중요하다. 이러한 물성의 필요성을 토대로 개발된 4D프레임에 대해 4D프레임의 개념과 개발철학, 특징과 사용방법, 4D프레임의 비전, 활용 방향으로 나누어 제시해보고자 한다.

4D프레임은 자연의 생명력을 모사한 창의적 교구를 지향한다. 이는 어린아이들을 위한 놀이기구를 만들겠다고 마음먹은 그때부터 마음속에 자리 잡은 결심이었다. 왜냐하면 자연은 스스로 문제해결 능력을 갖추고 있다는 믿음 때문이었다. 이는 변화무쌍한 자연환경 속에서 스스로 조화를 이루어나가는 모습으로 표현된다.

그렇기에 우리가 파는 것은 상품이 아니다. 물질적인 제품이나 형체를 갖춘 물건은 우리가 판매하는 것의 극히 일부분일 뿐이다. 우리는 자연이 그러한 것처럼 창의적인 사고와 다양한 경험을 판매한다. 자연의 그러한 면들 속에서 보게 되는 특징이 있다면 '유연함'과 '틈(공간)'을 들 수 있다.

산모는 출산 시에 태아가 나올 수 있는 길(공간, 틈)을 확보하려고 태아를 둘러싼 무수한 뼈를 유연하게 만든다. 나무와 돌로 건축된 건축물이 변화무쌍한 자연의 기후 변화에 적응할 수 있게 하려고 건축 시 재료와 재료 사이에 틈을 적절히 설계하여 넣는다. 갈대는 가냘프지만 안이 비어(공간, 틈) 있어 강풍의 방향에 맞서 자연스럽게 수용하며 유연하게 대처(휨)함으로써 변화에 적응해간다. 이런 모습들은 자연이 생명을 조화롭게 유지하려는 의지의 예들이다. 그 안에서 우리는 강함(+)과 유연함(-), 공간(틈)을 엿볼 수 있다.

한국의 고건축 모형을 연구해보면, 건축하는 과정에서 못을 쓰지 않고 마치 입체 퍼즐을 조립하는 것처럼 건축물의 뼈대를 만드는 것을 볼 수 있다. 특히 지반의 불안정성, 열에 따른 재질 변화 등을 고려하여 나무를 이음새로 활용하는 경우 연결 시 틈을 적절히 바로잡아 넣는다는 것을 발견할 수 있다.

# **우리의 경쟁상대는** 레고가 아니다

레고(Lego)와 우리 회사가 자주 비교되곤 한다. 작은 조각으로 무언가를 만들어낸다는 점에서 유사성을 발견하는 모양이다. 실제로 하나씩 떼어놓으면 작은 조각에 불과하지만, 하나하나를 연결하면 다양한 작품이 만들어진다는 점에서 레고와 4D프레임은 유사점을 지니고 있다.

레고는 1932년 덴마크의 목수였던 올레 키르크 크리스티얀센(Ole Kirk Christiansen)이 만든 세계적인 아동용 완구제품이다. 1초에 7개가 판매되고 1년 동안 판매된 블록을 한 줄로 세우면 지구를 일곱 바퀴나 돌 만큼 인기를 끌고 있는 제품이다.

그렇게 어마어마한 규모의 다국적 기업이자 전 세계에 이름이 알려져 있을 뿐 아니라 수많은 마니아를 거느린 거대 기업과 우리 회사를 동일 선상에 놓고 비교해주는 일은 고맙고 반가운 일이다. 하지만 서운한 마음도 없진 않다. 레고와 우리 회사가 비슷한 면이 없진 않지만, 우리는 분명하게

같으면서도 다른 점이 많은 레고와 4D프레임

다른 회사이기 때문이다.

레고와 우리는 많은 부분에서 다르다. 그중 가장 큰 차이점은 레고처럼 제품을 파는 회사가 아니라는 것이다. 물론 우리 회사도 빨대라 불리는 4D프레임 제품을 팔고 있다. 레고의 블록처럼, 사용자의 의도대로 조립하여 하나의 작품을 완성해내는 조각을 판매해서 매출을 올린다. 하지만 엄밀하게 말하면 우리가 판매하는 것은 제품이 아니라 콘텐츠다. 작은 조각에 불과하지만, 그것을 통해 아이들의 창의성과 미래를 판매하고 싶은 것이 우리 회사의 목표다.

우리 회사의 목표는 처음 제품을 만들 당시의 개발 철학과도 연결된다. 레고 역시 놀이의 기능성이 무한할 것, 남녀 아이 모두를 위한 것, 모든 연령의 아이에게 맞는 것, 일 년 내내 가지고 놀 수 있는 것, 아이들의 건강과 편안함을 고려할 것 등 10가지 기본 규칙을 가지고 있다.

4D프레임 역시 처음 제품을 구상하고 만들었을 때부터 철학으로 삼은 몇 가지 규칙이 있었다. 그중에서도 중요하게 생각하는 원칙이 비싸지 않아야 하고, 주변에서 쉽게 구할 수 있어야 한다는 것이었다. 또 조립과 조작이 어렵지 않아야 하며, 무엇보다 재미있어야 했다. 똑같지 않은 새로운 것을 계속 표현할 수 있어야만 한다는 점 역시 핵심 포인트였다.

4D프레임을 만들면서 가장 많이 생각한 것이 들판을 뛰어다니며 손에 잡히는 것이 모두 놀이도구였던 어린 시절이었다. 고무신 하나면 못 할 놀이가 없었고, 수수깡 하나면 무엇이든 만들 수 있었던 그 시절이 떠올랐다. 이민 간 친척이 선물로 보내준 고가의 장난감이 부러웠지만, 우리에게 가장 만만한 장난감은 자연에 널린 물과 흙, 바닥에 아무렇게나 뒹구는 나뭇가지, 논밭에 자연스럽게 나고 자라는 풀이었다. 아버지가 만들어준 자치기 나무토막 하나면 밥 먹지 않고도 하루를 보낼 수 있을 만큼 즐거웠고, 아무렇게 버려진 비료 포대 하나로도 겨울 벌판을 즐겁게 누빌 수 있었다. 그런 순수한 즐거움을 지금의 아이들에게도 온전히 전해주고 싶었다.

4D프레임이 주목받는 이유는 구부리고 자르는 일이 가능하다는 점이다. 어쩌면 그것은 우리가 레고와 분명히 다르다고 말하는 가장 중요한 부분이다. 레고는 브릭(Brick)이라 불리는 직육면체나 정육면체 모양의 플라스틱 블록이 가장 중요한 부품으로 사용된다. 물체의 형태를 만들거나 기본 틀을 잡을 때 반드시 쓰이는 부품이다. 하지만 단단한 플라스틱으로 만들어진 브릭은 만들어진 형태를 변형하는 일이 불가능하다.

하지만 4D프레임은 각각의 부품을 연결하는 가장 중요한 부품 가운데 하나인 연결발을 구부리고 접고 자르는 일이 가능하다. 우리가 빨대라고 부르곤 하는 연결봉 역시 구부리고 접는 일은 물론 원하는 길이로 얼마든지 잘라낼 수 있으며, 연결봉을 사용해서 더 긴 길이로 늘려나갈 수도 있다. 다른 제품보다 유연하고 부드러운 재질을 택했기 때문에 가능한 일이다.

어린 시절 가지고 놀던 수수깡 역시 필요한 길이로 자르거나 수수깡 속대를 활용하여 언제든 길이를 늘려나갈 수 있었다. 게다가 안경을 만들 수 있을 만큼 동그랗게 구부려도 부러지지 않았다. 수수깡의 기억을 더듬어 가면서 만들었기에 4D프레임에는 태생적으로 자연의 속성이 담기게 되었다.

실제로 4D프레임은 자연의 생명력을 모사한 창의적인 교구를 지향한다. 자연은 스스로 문제를 해결할 수 있는 능력을 갖추고 있다. 변화무쌍한 자연환경의 변화 속에서 스스로 조화를 이루어가는 것이 자연이 가진 순리다. 4D프레임의 작은 부품에는 자연이 그런 것처럼 아이들의 변화무쌍한 생각을 유연하게 표현해내고, 그들이 만들고 싶은 것을 거침없이 구현해낼 능력이 담겨 있다. 그래서 우리는 자주 아이들의 창의성에 놀라곤 한다. 그들이 만들어내는 완성품 중에는 우리의 상상력을 넘어서는 것들이 많기 때문이다. 오히려 이미 고정관념에 굳어버린 어른들의 상상력보다 자유분방한 아이들이 만들어내는 새로운 창작품에서 더 많은 아이디어를 얻기도 한다.

# 모든 원은 중심이 있다

'허난설헌' 이야기가 담긴 책을 읽은 적이 있다. 철저한 신분 사회였던 조선에서 여자로 사는 안타까움과, 천재로 태어났지만 재능을 알아주지 않는 사회에 대한 원망이 책을 읽는 내내 느껴졌다. 그래도 다행스러웠던 것은 허균이 있었다는 사실이다. 허난설헌은 젊은 나이에 요절하면서 자신이 쓴 모든 시를 불태워버리라는 유언을 남겼지만, 누이의 시가 당대의 천재였던 허균의 머릿속에 차곡차곡 저장되어 있었다. 종이에 쓰인 시들은 한 줌 재가 되어 흩어져버렸지만, 허균의 머릿속에 있는 시들마저 태워버릴 수는 없었다.

결국 허난설헌의 시는 허균을 통해 세상에 다시 나왔다. 당시 외국 사신을 영접하는 직책을 맡았던 허균이 그 시들을 중국 사신들에게 보여주면서 명나라에 전해지게 되었다. 허난설헌의 시는 조선이 아니라 명나라에서 더욱 유명해졌다. 허난설헌의 시를 엮은 책이 인기를 끌면서 낙안의 종이가 모자라 '낙안의 지가(紙價)를 올렸다'는 푸념이 쏟아지기도 했다.

이후 허난설헌의 시는 일본에 전파되었고, 그 시절에 이미 우리 시의 한류를 이끌었다. '여성이 쓴 시'라는 한계에 부딪혔던 허난설헌의 시는 조선으로 역수입되면서 수많은 사대부에게 읽혔고, 그의 천재성이 새롭게 재조명되는 계기가 만들어지기도 했다.

4D프레임이 만들어지고 그것이 세상에 나왔을 때 그 가능성을 인정해주는 사람은 많지 않았다. 오히려 잘나가는 모형 회사를 잘 키울 생각은 않고 다른 것에 정신이 팔려 있다며 쑥덕거리는 사람이 더 많았다. 빨대 같은 걸 만들어 뭘 하겠다는 거냐며 비아냥거리는 소리를 들어야 할 정도였다. 그 때문에 한동안 속앓이를 하기도 했다.

하지만 지금은 오히려 내게 부러움과 질시의 눈빛을 보내는 사람이 더 많아졌다. 나를 안다는 주변 사람들이 그 정도였으니, 나를 전혀 알지 못하는 사람들은 오죽했을까? 4D프레임의 가능성은 아주 천천히, 소수의 사람을 통해 알음알음으로 알려졌을 뿐이었다. 그래도 한 번 4D프레임의 진가를 확인한 사람들을 우리보다 더 열심히 4D프레임을 주변 사람들에게 알렸다. 나만 알고 있기엔 아깝다는 심정으로 주변 지인들에게 4D프레임을 소개하고 SNS에 관련 자료를 소개해주는 일을 잊지 않았다.

하지만 우리의 가능성을 가장 크게 인정해준 것은 오히려 해외의 연구자들과 박물관, 전시관 관계자들이었다. 관련 학자들이 먼저 4D프레임의 진가를 발견했고, 먼저 우리에게 함께하자고 제안해왔다.

가장 열정적으로 우리에게 다가온 것은 '스웨덴 국립과학기술박물관(The Museum of Science and Technology, Tekniska Museet)'이었다. 스톡홀름에 있는 스웨덴 최대 기술박물관인데, 과학기술과 관련된 다양한 자료와 소장품을 전시하고 있다. 스웨덴 최대의 증기기관, 5000년 된 드릴,

스웨덴 구스타프 국왕의 초청으로 스웨덴 방문 당시 모습

갈릴레오의 망원경 등 특별한 전시품이 함께 보관되어 있어서 스웨덴 국민에게 사랑받는 박물관으로 꼽힌다.

이곳과 인연을 맺은 것은 2007년이다. 그해 11월에 박물관에서 10분 동안 4D프레임을 소개할 기회가 있었다. 짧은 시간의 아쉬움을 뒤로하고 4D프레임의 재료를 선물하고 돌아왔는데, 2년 뒤 박물관에 와서 4D프레임을 소개해달라는 정식 초청을 받게 되었다.

박물관을 방문한 우리는 놀라운 소식을 들었다. 1층 가장 좋은 자리에 있던 레고 전시관을 4D프레임 체험관으로 교체하겠다는 내용이었다. 4D프레임이 아이들의 창의성과 상상력을 키워주는 면에서 레고를 앞선다며 세계적으로 명성이 있는 아동용 완구를 밀어내고 그 자리에 당당히 4D프레임 체험공간이 들어서게 된 것이다.

발명의 나라, 노벨의 나라, 창의성의 나라임을 자부하는 스웨덴에서 자청해서 시작한 놀라운 변화에 우리는 놀라지 않을 수 없었다. 2009년 11월

28일, 드디어 1924년 문을 연 스웨덴 유수의 과학박물관에 4D프레임 체험 관이 문을 열고 태극기가 걸리는 역사적인 사건이 일어났다.

이 일을 주도한 사람은 이 박물관 관장을 역임한 마리아나 백이었다. 4D프레임에 대한 마리아나의 사랑은 각별해서 직접 '노르딕 4D프레임 법 인'을 만들고 스웨덴에 4D프레임을 소개하는 데 주도적인 역할을 감당했 다. 레고 체험관을 없애고 4D프레임 체험관을 만들었을 정도로 우리의 가 능성을 진작부터 알아봤던 것이다.

마리아나의 노력 덕분에 스웨덴에 있는 과학관 아홉 곳에 4D프레임이 도입되었고, 직접 4D프레임을 교육하고, 관련 학생들이 한자리에 모여 경 연을 펼치는 정기적인 대회까지 개최하기에 이르렀다. 심지어 스웨덴 국

2009년 스웨덴 국립과학기술박물관 4D프레임 체험장에서 기념 촬영

왕이 설립한 국립학교에도 4D프레임 체험관이 만들어졌고, 스웨덴 국왕의 초청을 받아 직접 스웨덴을 다녀오는 영광도 함께 누렸다.

4D프레임은 오스트리아에도 자리를 잡았다. 2006년 한국을 방문한 오스트리아 대통령 부부를 통해서다. 당시 국빈 방문한 하인츠 피셔(Heinz Fischer) 오스트리아 대통령 부인 마르기트 피셔 여사가 대전 국립중앙과학관을 방문했다가 1층 전시실에 마련되어 있던 4D프레임 체험관을 경험해보고 자국으로 가져간 것이다. 1년 동안 12개 도시를 돌면서 도시당 한 달간 순회 전시회를 개최하면서 오스트리아에 4D프레임을 소개했고, 잘츠부르크 과학관에 4D프레임 전시관이 만들어지면서 사용자가 늘어나는 추세다.

스웨덴과 오스트리아에 전시관이 만들어진 것은 다른 유럽 도시로 4D프레임이 전파되는 계기가 되었다. 중국의 연길과학관, 윈난성과 홍콩의 관련 기관에서 강의 요청이 와서 4D프레임을 소개한 뒤 지금은 4D프레임으로 대회를 개최하는가 하면, 한국의 4D프레임 경진대회 기간에 맞춰 우수학생들을 선발한 뒤 직접 한국대회에 참가하는 예도 많아지고 있다.

미국 아이오와 주립대학교에서 영재들만 가르치는 교사들을 모아 교육하는 영재센터에서도 4D프레임의 우수성을 알아보고, 영재센터 교사를 대상으로 4D프레임을 소개해달라는 제안을 받았다. 또 전 미국 수학교사협의회(NCTM)가 주최하는 세계 최대 수학 콘퍼런스에 참가하여 4D프레임이 수학교육에 어떤 도움을 주는지 세세하게 소개하기도 했다.

NCTM에서 진행한 강의는 우리에게 큰 힘이 되었다. NCTM은 세계 수학의 흐름과 변화를 주도하는 단체인데, 그들이 채택하는 커리큘럼과 콘텐츠, 관련 교재는 전 세계 수학교육의 관련 자료로 인용될 만큼 막강한 영향력을 발휘한다. NCTM 콘퍼런스 이후 4D프레임에 관심을 갖는 관련 수학 교사들이 늘어났고, 다양한 나라에서 문의해올 만큼 세계적으로 주목받고 있다.

① 스웨덴, 오스트리아 등 유럽에서 큰 관심을 받은 4D프레임
② 많은 국빈이 방문한 4D프레임 체험관의 모습

① 미국 NCTM(National Council of Teachers of Mathematics)이 주최하는 세계 최대 수학 콘퍼런스 참가 당시 모습
② 사우디아라비아 교육부로부터 감사 선물과 상장을 전달받는 모습

심지어 최근에는 사우디아라비아에서도 4D프레임에 관심을 표명해왔다. 2015년 2월 3일, 미래 먹거리를 고민하던 사우디아라비아 정부에서 노벨상 수상자나 나사, 인텔 등에서 지원받아 자사에 근무하는 우수 석학을 초청하는 미래 창의 페스티벌을 개최하면서 4D프레임에 참가요청을 해온 것이다. 아시아에서는 4D프레임이 유일한 초청자였으며, 사우디아라비아 왕립 마히바 재단의 직접 초청으로 참가하게 되었다.

공항에서 히잡을 쓴 사람들이 마중 나와 낯설었던 것도 잠시, 사우디아라비아 초청행사에서 가장 돋보인 것은 역시 4D프레임이었다. 우리는 이 행사에 4D프레임을 활용하여 사우디아라비아의 상징 동물인 낙타를 만들어서 갔고, 서울 길음초등학교 현용보 선생님과 학생들이 4D프레임으로 손수 제작한 사우디아라비아 국가가 연주되는 오르골을 들고 가서 그들 앞에서 직접 연주되는 모습을 보여주었다. 또 4D프레임으로 만든 사우디아라비아 국왕의 초상화는 엄청난 호평을 받았다.

이 행사는 현장에 참석한 학부모와 학생, 관객의 호응도를 따져 순위를 매기기도 했는데, 감성을 건드린 우리의 방식이 엄청난 호응을 얻으면서 종합 평가 1위라는 성과를 거두었다. 이 행사에 참여해 4D프레임의 활약을 지켜본 카타르 관계자들의 눈에 띄면서 다시 카타르를 방문하여 4D프레임을 소개하는 성과로 이어졌다. 같은 해 4월 30일에서 5월 4일 사이에 카타르 교육협의회 주관으로 진행된 카타르 교육 콘퍼런스(The Supreme Education Council)에 카타르에서 근무 중인 초·중등학교 교사들이 참여하여 4D프레임의 다양한 활용 방안에 대한 우리의 강의를 경청했다.

사우디아라비아 방문은 우리에게도 놀라운 일이었다. 산유국이라 돈이 많은 나라였기에 항공기 비즈니스석과 칠성급 호텔을 대접받으면서 편안하게 다녀온 방문이라 더 오래도록 기억에 남는다. 돈이 있다고 자유롭게

4D프레임으로 만든 사우디아라비아 국기

오갈 수 있는 곳이 아니고 아직은 폐쇄적인 부분이 많은 나라였지만, 아이들의 교육을 위해 우리를 초청하는 모습에 감동했다.

이젠 네덜란드와 레고의 나라인 덴마크에도 4D프레임이 입성하기 시작했다. 작년 9월, 우리도 놀랄 만한 소식이 전해졌다. 오스트리아 린치에서 아동들이 참여하여 4D프레임으로 대형 돔을 만드는 독특한 체험을 시작한 것이다. 작업에 참여한 아이들이 모두 구조물에 직접 들어갈 수 있는 규모의 대형 구조물로, 한 명 한 명이 만든 작은 4D프레임이 모이고 모여 거대한 구조물이 되는 경험을 하게 된 것이다.

이는 그동안 만들어진 작품을 눈으로 보거나 다른 친구들이 만든 작품을 지켜보던 것에서 탈피하여 직접 만들어본 활동이다. 다른 친구들과 함께 만드는 체험에서 협동심도 키우고 작은 구조물이 모여 거대한 구조물이 만들어지는 신기한 경험을 하게 된 것이다. 이들의 경험은 다른 지역 아이들에게도 같은 경험을 할 기회를 제공한 특별한 사례였다.

이제 해외에서 얻은 호평이 국내로 이어지고 있다. 입시 중심 교육으로 소외되고 있던 한국의 교육현장에 4D프레임이 자리를 잡아가기 시작했다. 외국의 창의적인 교육환경이 먼저 인정한 4D프레임의 가능성을 한국의 교육환경에서도 인정하기 시작한 것이다.

사실 국내에서도 4D프레임의 가능성을 미리 알아본 사람들이 있었다. 국립중앙과학관 조청원 관장님이 주인공이다. 4D프레임이 수학 콘텐츠공모전에 참여하게 되었는데, 그 우수성을 미리 알아본 주최 측에게 우수상을 받으면서 박물관 내부에 전시공간이 마련되었던 것이다. 박물관에 만들어진 전시공간 덕분에 오스트리아에 4D프레임이 소개되는 계기가 만들어졌고, 그 덕분에 4D프레임이 유럽 전역에 소개되는 길이 열린 것이다.

거대한 원이 한국에서 시작되어 세계로 퍼져나갔고, 이제 다시 그 원이 중심을 향해 움직이고 있다.

# 4장 대한민국을 넘어 세계로

# **4D프레임의** 가능성을 알아본 아내

에벤에셀 모형을 운영하다가 어린이용 교구 사업부를 새로 만들고 보니 이런저런 문제점이 생겨나기 시작했다. 건설사에서 발주 받은 모형을 제작해서 벌어들인 돈이 새로운 사업부에 투자되면서 제대로 된 수익을 내지 못하고 있었다. 게다가 모형을 만들려고 입사한 에벤에셀 모형의 직원들이 새로운 사업부서의 부족한 인원으로 충당되다 보니 일의 연속성도 떨어지면서 크고 작은 불만들도 제기되었다.

시대가 변하면서 이것저것 모두 잘하는 팔방미인을 원하던 시대는 막을 내리고 있었다. 어느 한 분야에서 두각을 나타내는 전문가의 시대가 도래하고 있었다. 전문가 소리를 듣는 사람들이 생겨나기 시작하고, 한 분야를 이야기할 때 대표되는 사람들이 생겨나기 시작했다. 내 삶을 돌아보니 나 역시 그런 사람이었다. 오직 한 우물만 파왔던 사람이지, 이것저것 잘하는 사람은 아니었다. 오히려 전문가를 필요로 하는 시대에 어울리는 사람이었던 것이다. 그런데 이것저것 다 하려니 힘에 부쳤다.

모형사업을 하고 있는데, 별도로 교육사업을 계속하려면 특단의 대책을 세워야 했다. 장기적으로 보면 교육사업을 위해 별도로 법인을 만드는 게 나을 일이었다. 며칠을 고민하다가 제대로 된 교육사업을 수행하기 위해 둘을 분리하기로 하고 새로운 회사를 만들었다. 그때 만든 회사 이름이 지금도 사용하는 '4D랜드'다.

젊은 시절 열심히 교회에 다니면서 만난 아내가 4D프레임이 지금의 자리까지 오는 데 가장 큰 도움이 되었다. 지금 생각해도 아내를 만난 것은 내게 큰 기회였다.

기흥성 모형을 그만두고 방황하던 시절, 마음의 안정을 찾기 위해 방황하다가 찾아낸 방법이 신앙에 의지하는 것이었다. 오래전 어머니가 보내주셨지만, 눈길 한번 받지 못한 채 구석을 뒹굴던 성경책에 시선이 갔다.

신림동에 빌라를 구입한 외삼촌을 따라 이사를 하면서 외숙모 소개로 왕성교회를 만나 늦은 나이에 신앙생활을 시작하게 되었다.

오직 모형 만드는 일 하나가 세상의 전부라 믿고 살던 내게 교회는 별천지였다. 물어물어 스스로 찾아온 초신자는 등록 교인이 되고 청년부로 안내받으면서 또래 청년들을 만나기 시작했다. 신앙의 힘으로 마음의 안정을 되찾게 되고, 또래 청년들 덕분에 사는 재미를 알아가기 시작했다. 청년들과 어울리자 또래와 공감대가 형성되면서 회사 밖 세상이 보이기 시작했다.

수련회를 다녀오면서 청년들과 친해졌고 형 동생 하며 지내는 이들이 생겨났다. 그들과 지내면서 하루하루가 즐거워졌고, 일에도 재미가 붙었다. 그 무렵 서초구청 부근 건물에 임대한 15평 사무실에서 시작한 새로운 모형을 만드는 회사가 입소문이 나면서 일이 몰려들기 시작했다.

① 1995년 6월 3일 올린 결혼식
② 결혼식에 와주신 기흥성 선생님과 함께

교회에서 아내는 청년 모임의 리더로서 신앙심이 깊었다. 하지만 나는 이제 갓 신앙생활을 시작한 새내기 신앙인이었을 뿐이다. 깊은 신앙심을 바탕으로 목회자 사모가 되기를 소망하던 아내는 자신의 배우자로 목회자를 원하는 기도를 하고 있었다. 나와는 많은 것이 다른 사람이었고, 배우자를 원하는 스타일도 서로 달랐다.

그런데 세상일이란 게 사람이 생각하는 것과는 많이 다르게 흘러가기도 한다. 우리는 전혀 다른 스타일의 사람을 원했고, 전혀 다른 방향을 바라봤다. 그런데 마치 누군가 미리 정해놓은 것처럼 우리는 전혀 다른 사람을 선택했다.

이미 젊은 나이에 모형 만드는 사업체를 운영하고 있었고, 큰 차는 아니었지만 또래보다 일찍 자가용을 타고 다녀서 친구들에겐 선망의 대상이었다.

급할 때면 같은 청년부 사람들을 사무실로 불러 아르바이트 거리를 나눠주면서 자주 만나다 보니 마음에 드는 사람이 생기기도 했다. 하지만 내게는 그런 매력들을 모두 삼켜버릴 만한 약점이 있었다. 젊은 시절 스스로 포기한 짧은 학력이었다. 높은 학력을 가진 그들 앞에서 나는 그저 중졸의 초라한 젊은이일 뿐이었다.

그러던 중에 청년부 인원이 늘면서 둘로 나뉘게 되었다. 아내와도 헤어지게 되었는데, 인연이 되려 했는지 아내가 갑자기 어려운 상황에 부닥치게 되었다. 그동안 결혼자금으로 모아둔 돈을 헌금하고 다시 돈을 모으려고 준비하던 차였다. 그런 아내에게 그냥 내게 숟가락만 들고 시집오면 된다고 큰소리를 쳤는데, 그 말이 청혼이 되고 말았다.

유치원 교사를 하던 아내는 신앙심도 깊었지만 현명했다. 결혼하자마자 경제인 모임 장소들을 미리 알아내고 나를 다그쳐 그곳으로 보내는 일을 멈추지 않았다. 그 덕에 수많은 기업체 대표를 만나면서 경제관념과 세상 보는 눈을 키울 수 있었다.

2009년 사랑하는 가족들과 함께 여행지에서

　　유치원 교사를 하면서 이미 아이들의 교육에 대한 열정과 경험이 있었기에 새로운 교육 법인은 아내에게 더 어울리는 자리였다. 회사가 분리되면서 아이들을 위한 교육 쪽은 아내에게 맡기고, 나는 모형사업과 교육을 위한 교재 개발에 집중할 수 있었다.

　　회사를 분리할 즈음 김영삼 대통령에서 김대중 대통령으로 이어지면서 사회는 커다란 변화를 겪고 있었다. 학력이나 외형적 겉치레 중심이었던 사회에서 능력과 스펙을 중시하는 사회로 급격하게 변화해가기 시작했다. 1~3차원적이던 세상은 서비스를 중심으로 한 4차 산업이 중심인 사회로 시스템이 급격히 재편되고 있었다.

　　가장 중요한 산업으로 서비스업이 떠올랐고, 수익 측면에서도 4차 산업이 급부상하고 있었다. 자연스럽게 중요한 산업의 한 축으로 교육이 떠오르기 시작했다. 주입식 교육은 창의성을 키워가는 교육으로 변했고, 아이들의 잠재된 능력을 최대한 끌어올리는 교육이 점점 자리를 잡아가기 시작했다.

내가 생각하던 교구가 지금의 교육환경과 잘 어울린다고 생각했다. 내 예상이 들어맞았다. 하지만 역시 교육에 대한 안목은 아내의 생각이 정확했다.

# 가족은 창의력의 원천

　너무 어렵게 살았기에 가족이라는 애틋함이 없었다. 그도 그럴 것이 아버지는 가족을 보살피는 일에 서툴렀고, 형제들은 가난 탓에 어린 시절부터 서로 떨어져 살았기 때문이다. 가족이라는 애틋함을 깨달을 틈도 없이 누나는 경북 의성으로 식모살이를 갔고, 나도 중학교를 마치자마자 부산으로 내려가서 돈벌이를 시작해야 했다.

　어머니로선 입 하나 줄이는 게 가족을 살리는 일이었고, 큰 도시에 나가면 밥을 굶지는 않을 거라는 믿음이 있었나보다. 가족이라는 이름 아래 따뜻한 밥 한 끼 먹고 산 날이 손에 꼽을 정도였다. 그렇다 보니 늘 혼자였고, 지금의 자리에 오르기까지 가족의 도움은 받을 수 없었다.

　뿔뿔이 흩어져 산 것뿐 아니라 워낙 가난했던 시절을 보낸 탓에 변변한 가족사진 한 장 찍지도 못했다. 어린 시절 사진이 한 장도 없는 것도 비슷한 이유에서다. 혼자서 어린 시절을 보내고 청소년기와 청년기를 보내면

언제나 힘이 되어주는 아이들과 아내
(왼쪽부터 막내 하준, 첫째 하늘, 4D프레임 대표이자 아내 양효숙, 필자, 둘째 하종)

서도 외롭다는 생각조차 하질 못했다. 오직 일에만 매여 살다 보니 어느새 훌쩍 서른이 넘고 서른 중반을 향하고 있었다. 그러다 문득 정신을 차려보니 어느새 내가 중년에 접어들어 있었다.

어머니의 간절한 기도 덕분에 좋은 사람을 아내로 맞아 가정을 이뤘고, 꾸준하게 한 우물을 판 덕에 지금의 자리에 오를 수 있었다. 아무리 생각해도 나는 부족한 사람이었다. 내가 나를 객관적으로 돌아봐도 매력이라곤 눈을 씻고 찾아봐도 발견할 수 없는 사람이었다.

그런데 목회자 사모를 꿈꾸며 늘 기도하던 아내가 나를 택했다. 외모도 학력도 변변하게 내놓을 것은 없었지만, 사회생활을 일찍 시작한 까닭에 동기들보다 먼저 성공한 것이 큰 역할을 했다. 또래 친구들이 이제 막 사회

생활을 시작해서 자리를 잡아갈 무렵에 나는 이미 내 이름으로 회사를 운영했고, 자가용을 몰고 다녔다.

순천에서 어린 시절을 보낸 아내는 신앙심이 깊었고, 어렵게 유아교육을 전공하고 유치원 교사를 천직으로 여기며 생활하고 있었다. 그런 사람을 아내로 맞아 결혼하고 난 뒤 내 삶은 많은 부분에서 달라졌다. 생활은 안정을 찾았고, 아이들이 태어나면서 조금 더 큰 꿈들을 품기 시작했다.

내 삶에 어려움이 닥칠 때 든든한 동반자가 곁에 있다는 것은 많은 면에서 도움이 되었다. 홀로 내버려진 천둥벌거숭이처럼 지내던 아이가 한 가정의 가장으로 우뚝 선 것이다. 그러자 책임감이 생기기 시작했다. 의뢰받은 제품을 만들어 납품하면 일이 끝나버리는 소모전적인 일이 아니라 계속해서 꾸준히 이어질 수 있는 창조적인 일이 필요하다는 생각이 든 것도 그런 책임감 때문이었다.

그러는 사이에 아이들이 태어나기 시작했다. 아이 욕심이 많았던 아내는 아이를 네 명까지 낳기 원했지만, 우리에겐 세 아이가 주어졌다. 오랫동안 유치원 교사를 하며 아이를 가르치던 아내와 제대로 된 제도권 교육을 받지 못한 나였지만, 우리의 교육관은 비슷했다. 콩나물시루 같은 교실에 내 아이를 보내고 싶지 않았다. 어릴 때는 잔디밭을 뛰놀아야 했고, 넓은 공간을 자유롭게 내달려야 한다고 생각했다. 그 생각에 아내도 동의했다.

그래서 발견한 곳이 세곡동 숲속에 있는 단독주택이었다. 외관은 허름했지만, 마당에 잔디가 깔려 아이들이 마음 놓고 뛰어다닐 수 있는 집이었다. 그곳에서 인근에 있는 대왕초등학교에 다녔는데, 아이가 힘들어했다. 재래식 화장실에 적응하지 못해 집으로 오다가 바지에 일을 보기도 하고, 학교 가는 일을 싫어하는 기색이 역력했다.

그때 정기원 선생님과 김진홍 목사님이 자율적이고 살아 있는 배움 활동, 공동체 생활을 통해 겨레와 세계를 위해 쓰임받을 이 시대의 일꾼을 기르는 교육을 꿈꾸며 두레학교라는 대안학교를 설립한다는 얘기를 듣고 그곳에 아이들을 보내게 되었다. 초 · 중 · 고등학교가 하나로 묶여 전체 12년제로 운영되는 두레학교는 기존 학교와 달리 창의력을 키워주는 다양한 체험 교육이 중심이 되는 기독교 대안학교였다.

어린 시절에 이미 제도권 교육을 거부하고 일찍 세상에 나온 나의 교육관과 아이를 가르치는 일을 천직으로 여기며 유치원 교사로 살아온 아내의 교육관은 대안학교의 교육관과 잘 맞았다. 첫아들인 하늘이를 시작으로 둘째 하종이와 셋째 하준이까지 나란히 두레학교에 입학하면서 남다른 교육이 시작되었다.

우리가 만들어온 제품의 첫 사용자이자 새로운 제품이 구상될 때부터 제품을 사용하는 첫 얼리어답터였던 아이들은 우리보다 더 창의적인 두뇌가 가동되고 있었다. 그들의 창의성은 기존 교육시스템에선 성장할 수 없었다. 그런 내 믿음처럼 아이들은 대안학교에서 무럭무럭 자랐다. 그리고 그곳에서 자기만의 길을 발견해나가기 시작했다.

하늘이는 대안학교에 열심히 다녔지만, 졸업을 한 해 앞두고 대안학교를 그만두고 입시학원에 들어갔다. 10년간의 노력을 보상받을 수 있는 졸업장을 포기한 선택이었다. 1년간 입시학원에서 대학 입학을 준비했다. 결과가 좋지 않았지만 절망하지 않고 1년간 더 준비한 뒤 유학을 선택했고, 2년간 열심히 공부한 덕에 UCLA 경제학과에 합격할 수 있었다.

둘째 역시 대안학교에서 위기를 맞았다. 학교가 둘로 분리되면서 갈등을 겪었고, 그 과정에 새로 들어온 아이들과 조화를 이루지 못하면서 상처받는 아이들이 생겨났다. 결국 하종이도 두레학교를 포기하고 새로운 길을 찾게 되었다. 몽골 여행, 외국 학교와 자매결연, '우리 땅 즈려밟기' 등을 경험한 아이가 일반 학교에 적응하는 일은 쉽지 않았다. 결국 하종이도 유학을 택했다.

4D프레임 체험관에서 가족들과 함께

아무런 지식이나 경험 없이 떠난 유학길이었지만, 하종이는 열심히 공부했다. 경험과 어학의 기초가 없다 보니 미국의 변두리에 있는 작은 학교에서 시작한 유학이었다. 홈스테이를 하며 눈물겨운 학업이 시작되었지만, 부쩍 늘어난 실력으로 지금도 열심히 공부하고 있다.

막내 하준이 역시 두레학교를 나와 금산 별무리학교로 전학을 갔다가 그곳에서 실시한 1년간의 인도 유학 프로그램을 마치고 발명 특성화고등학교인 미래산업과학고등학교에 입학했다. '미래의 지식산업사회에 필요한 발명·특허 교육과 인성교육을 통해 본교 교육목표를 구현하여 사회와 국가에 봉사할 수 있는 창의적 지식인을 육성한다'는 경영 방침을 가진 미래산업과학고등학교는 특허청의 지원을 받는 창의학교다. 오랫동안 우리가 만든 다양한 제품의 처음 사용자였던 하준이에겐 적성에 알맞은 학교였다.

불 꺼진 방에 들어오면서 늘 엄마를 그리워하고, 혼자 밥 먹고 잠드는 바람에 엄마와 아빠 얼굴도 제대로 보지 못한 아이들이 대견하게도 잘 자라주었다. 너무 공부만 하지 말고 졸업할 정도의 성적만 유지하라는 철없는 아버지의 요구와 달리 아이들은 자기 몫을 다했고 자기 자리를 잘 지키고 있다.

성적에 매달릴 시간에 더 많이 여행을 가고 좋아하는 것을 하라고 조언하기도 했다. 다른 아이들처럼 학원에 다닌 것도 아니고 빡빡한 제도권 교육을 받은 것도 아니어서 일반 아이들보다 조금은 뒤처진 것도 사실이다. 하지만 그것도 일시적이었다. 시간이 지나니 원하는 것들을 다 이루어냈고, 누구에게도 뒤지지 않을 만큼 잘 자라주었다.

# **세계가 인정한** 가능성

2013년 4월, 4D랜드는 융합과학문화재단과 MOU를 체결했다. 융합과학문화재단은 사회 일반의 이익에 이바지하고자 과학융합기술 분야의 학술연구 및 교육 재능기부를 통한 국내외 아동·청소년 과학인재 육성 및 국민의 과학문화 확산·발전을 위해 설립한다는 분명한 목적을 가진 재단이다. 특히 이곳에서는 수리과학융합 시대에 알맞은 인재를 육성하고 융합 마인드를 확산하며 미래 사회를 선도적으로 이끌어가려고 노력하고 있다. 이 과정에서 가장 활발히 교류하고 있는 것이 4D프레임이다.

4D랜드는 융합과학문화재단과 함께 전 세계 수많은 기관에 다양한 4D프레임을 전파하면서 그 가능성을 인정받았다. 융합과학문화재단에서는 21세기가 원하는 창의적 인재, 문제해결력이 높은 인재, 아이디어를 구체화하고 논리적으로 표현할 수 있는 인재, 팀워크를 중시하고 팀을 정해진

① 스웨덴 국립과학기술박물관에서 진행된 4D프레임 교사 연수
② 4D프레임 프로그램에 참여한 남아프리카공화국 학생들

원칙에 따라 선도할 수 있는 인재를 양성하고자 수많은 교육기관·연구기관·해외유관기관 들과 MOU를 체결하고 있다.

그렇게 만들어진 인재들이 한자리에 모여 자신의 기량을 확인하고 좀 더 많은 인재와 교류하며 더 나은 인재로 거듭날 수 있도록 국제수리과학창의대회를 개최하고 있다. 국제수리과학창의대회는 외부에서 먼저 반응하기 시작한 4D프레임 사용자의 확산 속도에 발맞추어 2007년 처음 개최되었다.

스웨덴 전역의 7개 과학센터를 중심으로 전국의 유치원과 초·중·고등학교에서 진행되는 4D프레임 교육, 핀란드를 비롯해 동유럽 국가에서 진행되는 청소년 4D프레임 워크숍, 사우디아라비아의 마히바 재단을 통해 진행되는 과학축제와 STEAM 교육 등이 시작이었다.

이에 발맞추어 민간이 주도한 국산 개발 중심의 STEAM 교육을 지향하고 유아·청소년 대상 창의 프로그램을 확산시켜야 한다는 필요성이 자연스럽게 제기되었다. 이러한 대회를 통해 스웨덴의 아웃리치 프로그램(outreach program)이 만들어지면서 대학과 청소년의 공학기술에 관심이 증대되었다.

선진화된 수리과학 방법이 도입되면서 선진교육기관의 창의성이 발전하고 관계기관과의 협력이 늘어나기 시작했다. 이는 결국 대한민국의 창조교육과 창조경제에 이바지하는 계기로 발전했고, 4D프레임을 비롯해 국산 교구의 선진국 진출 기회를 확대하는 계기로 작용했다.

융합과학문화재단은 학생들의 다양한 창의적 아이디어와 잠재력을 발전시키고, 수학의 기하학 원리와 흥미로운 과학원리를 창의작품으로 기획·설계하여 완성해내는 전체 과정에서 자연스럽게 체득하며 이를 공유하는 창의력 축제로 발전시킬 생각이었다. 이로써 해외 학생들과 교류·협력하면서 글로벌 재능을 다양하게 표현할 수 있는 커뮤니케이션 능력을

2011년 중국 연길과학기술관 주최 전주중소학생 4D프레임 과학경연대회 모습

갖춘 인재로 육성하는 장으로 만들 목적이었다.

대회는 회를 거듭할수록 명실상부한 국제대회로서 위상을 구축하기 시작했고, 4D프레임이 많은 나라에서 중요한 교육용 교재로 활용되면서 많은 국가에서 자발적으로 대회에 참가하기 시작했다. 이는 한국의 창조경제를 유도하고, 한국의 교육과 문화, 사회 전반의 질적 향상을 도모하는 계기를 만들었다. 또 창의교육이 한국경제의 새로운 축을 형성할 가능성도 확인할 수 있었다.

실제로 국제수리과학창의대회가 회를 거듭할수록 4D프레임을 비롯한 국산 교구의 선진국 진출이 늘었고, 개발도상국·동남아시아·아프리카 등으로 교육 시장이 확대되는 결과를 가져왔다. 특히 국제수리과학창의대회를 계기로 세계 유수의 교육기관들이 4D프레임을 배우려고 한국을 방문하기 시작했다.

현재 국제수리과학창의대회는 2007년 제1회 대회를 시작으로 2017년 제11회 대회까지 매년 꾸준히 진행되었으며, 해를 거듭할수록 참가국과 참가인원이 늘면서 명실상부한 국제대회로서 위상을 갖춰가고 있다. 특히 제4회 대회부터 북유럽 교육 관계자들이 심사위원으로 참가하기 시작했고, 제7회 대회부터 유럽과 중국의 과학교육 관련자가 심사위원으로 함께 하면서 유럽 국가들과 중국의 참여가 늘어나고 있다.

2016년 치러진 제10회 대회에는 스웨덴과 홍콩, 몽골, 필리핀, 영국 등 다양한 국가에서 교사와 학생이 참가했다. 특히 스웨덴에서는 미래박물관(Framtidsmuseet, Borlänge), 국립과학기술박물관(Tekniska Museet) 등 7개 과학관이 공동으로 자체 수리과학창의대회를 시행하였고, 이 대회에 참가한 50개 팀, 학생 700여 명 가운데 우수한 성적을 거둔 7개 팀, 학생 14명과 교사, 교육전문가 등 모두 28명이 직접 한국을 방문했다.

또 2016년 4월 12일 길림성 대학에서 개최된 중국의 길림성 수리과학대회를 시작으로 베이징, 홍콩, 몽골, 핀란드, 스웨덴 등에서 한국의 국제수리과학창의대회 참가자를 선발하는 나라별 수리과학대회가 개최되었다. 이들 대회에서 선발된 학생들은 한국대회에 참가하여 전 세계에서 모인 학생 1600여 명과 선의의 경쟁을 펼쳤다.


최근 4D랜드는 특별한 사업을 시작했다. 유럽 경험워크숍과 4D수리과학창의연구소가 공동으로 진행한 '2016 브리지 핀란드 Public Day 프로그램'이 그것이다. 물이 부족한 국가에 4D프레임을 사용하여 공기 중에 흩어져 있는 수증기를 한곳에 모아 물방울로 만들고, 이를 식수를 비롯해 다양하게 활용할 수 있는 와카워터(Warka Water) 모델링의 시범 사업을 시작한 것이다.

물 부족 국가 지원을 위한 적정기술로 평가받기도 하는 와카워터 모델

포르투갈 코임브라대학교 박물관 내에 특별 전시된 박구
둘째 아들 하종이와 함께

링은 아직 이론으로만 가능할 뿐, 실현 가능성엔 많은 궁금증을 낳고 있는 기술이다. 4D프레임을 활용하여 저렴한 가격에 물을 모을 수 있을 것이라 여겨지는 거대한 구조물을 만들 수 있기에 가능한 일이었다.

　이 외에도 2016년 5월 10일부터 8월 15일까지 스웨덴과 한국의 수리과학 및 공과교육 활성화를 위한 양국의 접근방법에 대한 토의와 발표가 이어졌던 스웨덴 왕립공과대학교(KTH) 리나(Lena) 교수와 고려대학교 공과대학의 연계지원, 2016년 7월 25일부터 30일까지 스웨덴과 핀란드의 유아교육 이론과 사례를 연구하기 위해 교수 22명이 참가한 한국유아교육 보육복지학회 북유럽 연수, 2016년 8월 7일부터 15일까지 발명과 창의를 넘는 미래 인재 양성을 위한 해외 교류를 목적으로 한국 학생 22명과 교사 및 관계자 12명, 스웨덴과 핀란드 관계자 40여 명이 참여한 2016 해외 청소년

창의 프로그램 등으로 이어졌다.

특히 스웨덴 왕립공과대학의 리나 박사는 안식년 3개월간 포디수리과학창의연구소에서 근무하며 교육 현장에서 4D프레임의 다양한 활용성, 그리고 기술공학 접목 사례에 대한 연구를 병행하였다. 또한 한국 학교를 방문하여 교사들과의 인터뷰를 통해 지도 방법, 동기부여에 대한 자료를 모았다. 스웨덴으로 돌아간 리나 박사는 현재 스웨덴 교사들을 지도하며 학장을 역임하고 있다.

수많은 해외 교류를 통해 우리의 가능성이 인정받기 시작했고, 그 정점에서 국제적 수학 범용 소프트웨어 조직인 지오지브라(Geogebra)와 만났다.

현재 4D랜드는 중국, 스웨덴, 핀란드, 노르웨이, 덴마크, 영국, 미국, 사우디아라비아, 오만, 카타르, 필리핀, 일본, 키르기스스탄, 남아공, 몽골, 라오스, 홍콩 등 전 세계 25개국에 진출해 있고 7개 지점과 센터, 50여 개 세계 지역거점 과학센터에 전시되어 있다.

# **다시 시작하는** 도전

4D프레임을 만들던 때와 지금은 많은 부분이 달라졌다. 처음 생각했던 것보다 규모는 훨씬 더 커지고, 사람들에게 엄청난 호응을 얻고 있다. 게다가 지금은 한국을 넘어 세계 많은 나라에서 넘치는 사랑을 받고 있다.

처음 생각은 작고 소박했다. 내가 가장 잘하는 일, 그 잘하는 일을 좀 더 오랫동안 하고 싶었다. 세상에 있는 모든 것을 작은 모형으로 만드는 일은 내가 가장 잘할 수 있는 일이었다. 천직이라 여기던 일이었고, 누구에게도 뒤지지 않을 자신이 있었다.

기흥성 모형을 나와서 내 사업을 시작했지만, 그 좋아하는 일을 오래 할 수 있을지 의구심이 들기 시작했다. 내가 하고 싶다고 할 수 있는 일이 아니었다. 주변 환경은 자꾸만 나를 거리로 내몰았다. 그 일을 좀 더 오래 하려면 브랜드가 필요하다는 생각이 들었다. 남의 일을 하청 받아서 하는 일에는 분명한 한계가 있었다. 내가 가장 잘하는 모형 만드는 일을 정말 오래 할 방법을 찾는 데에 참 많은 시간과 노력이 들어갔다.

그 과정에서 재능을 어떤 방식으로건 아이들을 위해 사용하고 싶다는 생각이 들었다. 그런 마음들이 모여서 만들어진 것이 4D프레임이었다.

4D프레임이 만들어진 순간부터 빛을 발한 것은 아니다. 하지만 오랜 경험과 시행착오, 업계 최고의 실력을 자랑하던 재능은 4D프레임이 빠르게 자리 잡는 데 큰 역할을 했다.

어린 시절 수수깡을 만들던 추억이 아이들에게 온전히 전해지리라 생각하진 않았다. 마땅한 놀이도구가 없던 그 시절, 산천을 헤집고 다니며 만나는 모든 자연이 놀이도구였던 추억이 지금 아이들에게는 분명 낯선 일일 것이다. 지금 아이들은 혼자 빈방에 앉아서도 서너 시간을 충분히 놀 수 있을 만큼 놀 거리가 풍부하다. 장난감이 넘쳐나고, 전자기기가 차고 넘친다. 그런 아이들에게 빨대로 만든 사소해 보일 수 있는 놀이도구가 흥미를 끈다는 것은 상상할 수 없는 일일 것이다. 하지만 내겐 믿음이 있었다.

어린 시절 수수깡을 만들며 느꼈던 즐거움, 조각조각 끼워 맞추며 스스로 키워가던 상상력이 지금의 아이들에게도 충분히 흥미로울 수 있다고 생각했다. 그 시절 내가 느끼던 즐거움이 지금의 아이들에게도 온전히 전해지리라 믿었다. 내 생각은 맞아떨어졌고, 지금의 아이들도 상상력을 발휘하며 자기만의 작품을 만들어내는 재미에 푹 빠져들었다.

그런데 4D프레임이 지금의 자리까지 올 동안, 4D프레임의 성공에는 많은 부분 사용자들의 도움에 의지한 바 크다. 돌이켜보면 우리의 노력보다 더 큰 사랑을 받고 있고, 많은 사람이 우리가 알고 있는 것보다 더 많은 장점을 발견하고 있다. 우리는 그 성공의 비결을 오픈소스에서 찾곤 한다.

오픈소스(open source)를 사전적인 의미로 풀이하면 소프트웨어 혹은 하드웨어 제작자의 권리를 지키면서 원시 코드를 누구나 열람할 수 있도록 한 소프트웨어 혹은 오픈소스 라이선스에 따르는 통칭이다. 1998년 2월 3일 '넷스케이프 브라우저의 원시 코드에 대해 어떠한 형태로 공개할까?' 하는 전략회의에서 붙여진 새로운 용어라고 알려지고 있다.

오픈소스는 어원처럼 초기에는 컴퓨터 소프트웨어 개발에서 유래했다. 하지만 지금은 다양한 분야에서 쓰이고 있다. 오픈소스 프로젝트, 제품 또는 계획은 오픈 교환, 공동참여, 신속한 프로토타입 제작, 투명성, 능력 위주의 환경 및 커뮤니티 개발 등 오픈소스 방식이라고 칭하는 가치들을 두루 일컫는다.

많은 업체가 자신들이 만든 제품이나 프로그램을 온전히 자신만이 통제하고 관리하길 원한다. 또 많은 업체가 공개하는 과정에서 이런저런 제한을 두거나 재배포 등을 금지하기도 한다. 그래서 소스코드를 공개한다고 해서 모두 오픈소스라고 말하진 않는다.

4D프레임의 성공 배경을 표현할 수 있는 여러 가지 키워드 가운데 하나 역시 오픈소스다. 처음 4D프레임을 만들었을 땐 생각하지 못한 것 중 하나가 지금의 4D프레임을 만들고 있었다.

일반적으로 제품을 만들면 그 제품을 만든 회사에서 사용자 매뉴얼을 만들고 사용자들은 그 매뉴얼을 보고 제품을 이해하고, 완제품으로 만들거나 제품을 온전히 활용한다. 4D프레임도 처음에는 사용법을 소개하고, 그것을 활용하는 다양한 방법을 소개했었다. 그런데 4D프레임을 사용해본 사용자들이 진화를 시작했다. 우리보다 더 4D프레임을 잘 이해하기 시작했고, 자신만의 작품들을 만들어내기 시작한 것이다. 그렇게 만든 작품들을 인터넷에 공개하면서 오히려 우리가 배우게 되는 일들이 발생했다.

이제 4D프레임은 우리가 만들어내는 작품도 있지만, 그 이상으로 사용자들이 직접 만들고 발견하고 찾아내는 작품들이 늘어가고 있다. 우리가 원하지 않아도 우리의 소스가 오픈되고, 자연스럽게 우리 제품이 사용자 중심 제품으로 완성되는 계기가 되었다.

# 내 삶은 아직도 진행형

최근 4D프레임은 지오지브라(GeoGebra)라는 강력한 파트너를 만났다. 2002년 오스트리아 잘츠부르크의 마르쿠스 호헨바터가 개발한 수학용 소프트웨어인 지오지브라는 지오(Geometry; 기하)와 지브라(Algebra; 대수)를 합성한 이름이다. 자바로 작성된 오픈소스 소프트웨어이기도 한 지오지브라는 기하, 대수, 미적분, 통계, 이산수학을 쉽게 다룰 수 있는 것이 특징이다.

무료로 이용할 수 있는 교육용 수학 소프트웨어이다 보니 1억 명 넘는 지구촌 인구가 사용 중이며, 2012년 기준 62개 이상의 언어로 번역되어 있다. 우리나라에서도 2009년 최경식 선생님이 우리말로 번역하면서 국내 관련 연구자들이 쉽고 편하게 사용할 수 있게 되었다.

4D프레임과 지오지브라의 만남은 전적으로 지오지브라 측의 요청에 따라 이루어졌다. 지오지브라는 다양한 수치와 함수의 조합을 통해 온라

인상에서 원하는 자료를 생성해낼 수 있다. 이때 화면상에서만 만들어지는 3차원 구조의 도형과 그래픽, 수식을 실물 제품으로 완벽하게 구현해낼 수 있는 것은 4D프레임뿐이라는 사실을 알게 된 것이다.

그동안 수많은 시제품을 활용하여 지오지브라의 결과물들을 화면 밖으로 끄집어내고 싶었지만 번번이 실패하고 있던 차였다. 이미 규격화되고 정형화되어 있는 기존 제품들로는 다양한 수치가 적용되는 지오지브라의 결과물들을 제품으로 만들어낼 수는 없었다. 특히 일정 수치를 줄이고 늘리면서 만들어지는 다양한 3차원 결과물들을 4D프레임은 정해진 수치에 맞게 잘라내는 것으로 완벽하게 구현해낼 수 있었다. 이것은 현재 상품으로 판매되는 그 어떤 제품도 할 수 없는 일이었다.

사용자들은 우리 제품을 통해 자신들의 결과물들을 화면 밖으로 끄집어내는 것은 물론 실물로 완벽하게 구현해내고 교육에 충분히 활용할 뿐 아니라 다양한 방식으로 변형하고 새로운 결과물들을 만들어낼 수 있다는 점을 확인하고 이젠 자청하여 4D프레임의 홍보대사가 되었다. 다양한 연구기관에 4D프레임을 소개하는 것은 물론 학술행사나 콘퍼런스 등에 동행을 요청하고, 교육기관에 강연자로 초빙될 수 있도록 주선하는 일에도 앞장서고 있다. 최근에도 대만에서 개최된 수학 관련 심포지엄에 참석하는 지오지브라 국제 네트워크의 설립자이기도 한 졸트 라빅자(Zsolt Lavicza) 교수와 연구진들의 동행 요청을 받고 직접 대만 행사장을 찾아가기도 했다.

핀란드 이위베스퀼레(Jyväskylä)대학교 크리스토프 교수는 직접 4D프레임의 우수성을 확인한 뒤 자청하여 4D프레임 전도사가 되었고, 이스라엘의 몇몇 기관에서는 아이들이 4D프레임으로 만든 제품을 소개하는 영상을 통해 4D프레임의 우수성을 알리는 데 발 벗고 나서고 있다. 심지어 이스라엘의 한 기관에서는 4D프레임의 활용법을 소개하는 홍보용 책자를

2017년 이스라엘 텔아비브 학회에서 발표를 마치고 학생들과 함께

직접 히브리어로 번역하여 이스라엘에 소개하고 싶다는 의사를 전해오기
도 했다. 이 외에도 꽤 많은 나라에서 4D프레임을 자국 언어로 소개하겠다
며 직접 요청해오고 있다.

세계적인 명성을 가진 학자가 만든 것도 아니고 대단한 인지도를 가진
제품도 아니지만, 만든 사람이 아니라 세계적인 석학들이 4D프레임을 알
리겠다고 자발적으로 나서고 있다.

나는 어쨌건 제대로 된 교육을 받지 못했다. 최종학력은 중졸이며 남들
이 고등학교에 다닐 때 사회에 나와 내 앞가림을 했다. 이후 방송통신고등
학교를 다니고 야간대학을 다니며 배움에 대한 갈증을 달랬다. 해외 출장
을 다녀올 때마다 내 여행 가방엔 책이 한 짐이다. 남들이 술 마시고 담배

피우는 돈만큼 나는 책을 산다는 심정으로 부지런히 사 모으고 있다. 어쩌면 내가 책에 집착하는 것은 배우지 못한 한 때문일지도 모른다. 내가 열심히 사회에 나가 일을 배우던 그 시간에 또래 친구들은 아늑한 교실에서 편안하게 책을 읽었다는 부러움이 책을 찾게 만든 것이다.

내가 4D프레임으로 조금씩 자리를 잡아가자 그 공로를 인정받아 최근 대학원에 진학하게 되었다. 배움에 대한 갈증도 갈증이지만, 세계의 많은 학자와 연구자를 만나고 담당 직원들을 만나다 보니 젊었을 때 못 배운 안타까움이 한으로 남았음을 깨닫게 됐다.

하지만 지금 내가 다시 중학교를 막 졸업한 어린아이로 돌아간다 해도 고등학교에 입학하진 않을 것이다. 나는 내가 가야 할 분명한 길이 있었고, 그 길은 고등학교를 나온 것과는 아무런 관계가 없었다. 하지만 그 배우지 못한 한이 결국 나를 만학도로 만들었고, 고등학교와 대학교를 졸업하게 했다. 내가 그 시절에 고등학교를 다녔다면 내 삶은 어떻게 변했을까? 가끔은 궁금해진다.

# PART 02

# 4D프레임
## 사용자 매뉴얼

## 01-01      4D프레임이란?

아이들은 상황에 따라 예측할 수 없이 변화되는 모습들 속에서 창의적인 사고를 하게 된다. 경험이 다양할수록 창의적인 사고는 더 자주 일어나게 되고, 그것이 아이를 성장시키는 자양분이 되곤 한다.

성장을 시작한 아이들은 대부분 교구를 가지고 놀이를 시작한다. 예전의 아이들은 부모가 만들어준 놀이도구나 자연에서 쉽게 구할 수 있는 것들을 썼다. 하지만 요즘 아이들이 가지고 노는 교구는 대부분 딱딱한 플라스틱 재질로 만들어진 것이 대부분이다. 아이들의 창의력에는 어떤 교구를 사용하는가가 큰 영향을 미친다. 별거 아닌 듯해도 손으로 만지고 머리로 상상하는 대부분이 놀이기구로 이루어지다 보니 교구는 아이들의 창의력은 물론 감수성 발달에 크나큰 영향을 미칠 수밖에 없다.

딱딱하거나 단단하고 안정된 재질의 교구는 대상을 명확히 표현하는 장점이 있다. 누구나 쉽게 접근할 수 있고, 제작자가 의도하는 방향에 맞게 아이들이 따라가는 장점이 있다. 하지만 아이들의 표현력을 일관적으로 표준화하는 단점도 없지 않다. 이는 짧은 시간에 원하는 산출물을 정확히 얻는 데는 쉽겠지만, 표준화되고 규격화되어 있어서 상황에 따른 변화를 반영하기에는 어려움이 따른다. 그렇다 보니 상상력과 창의력을 표현하는 데에 제한된 면이 많다.

이러한 결과는 우리가 자연에서도 쉽게 발견할 수 있다. 자연재해에 반응하는 것을 보면 살아 있는 생명체나 생물들은 문제에 부닥치면 직관적이고 본능적인 움직임으로 문제를 해결하지만, 딱딱한 돌이나 콘크리트 같은 무생물은 외풍과 외형적 변형에 잘 버텨내지 못한다. 무엇을 하나 고치고 싶어도 쉽게 고치기 어렵고 스스로 문제를 해결해나가기가 어렵다.

4D프레임을 가지고 즐겁게 놀고 있는 아이들

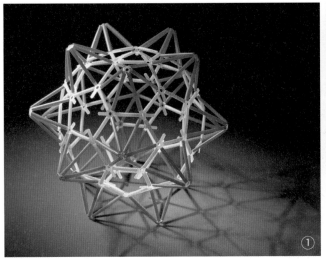

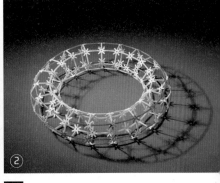

① 별 다면체
② 토러스
창의적인 교육이 가능하려면 변형이
쉽고, 누구나 자연스럽게 수정할 수 있
어야 한다.

일본은 오랫동안 지진에 시달렸다. 불안정한 지층 위에 있는 건물들은 작은 지진에도 심하게 요동쳤고 조금이라도 규모가 큰 지진이 나면 들인 공이 무색하게 단단한 건물조차 속절없이 무너졌다.

일본이 오랫동안 지진에도 온전히 살아남을 수 있는 건물 만들기에 집중한 이유다. 지진파를 온몸으로 받아들이고 무너지지 않고 버텨내는 건물을 만드는 내진 설계에 집중했다. 그런데 그렇게 공을 들인 내진 설계도 한계를 보이기 시작했다. 내진 설계의 맹점은, 단지 지진을 견뎠다는 게 장점 같지만 지진 이후가 문제인 건물이었다. 내진 설계 건물은 지진을 견뎠을 뿐 지진 이후에도 사람이 살 수 있는 건물은 아니다. 그래서 지진을 받아들이는 건물 만들기에 집중하기 시작했다. 단지 살아남는 것에서 한 걸음 더 나아가 지진과 친구가 되는 건물을 만들기에 모든 역량을 쏟은 것이다. 그래서 생각해낸 방법이 제진 설계였다. 중심축에 균형을 잡아주는 역할을 하는 구조물이 버티고 있어서 흔들림을 받아들이고 그 안에서 유동적으로 움직이는 구조물을 만드는 것이다.

아무리 흔들려도 중심은 변하지 않아서 지진파에 스스로 흔들리면서 끝까지 살아남는 건물이 되는 것이다. 사실 한옥이라 불리는 우리나라의 건축물은 아주 오래전부터 의도하진 않았지만, 제진 설계가 되어 있었다. 기둥이라는 것이 모양이 다른 돌 위에 어설프게 올려져 있고, 그 기둥들이 작은 홈을 통해 서까래를 비롯한 나무들과 연결된 구조다. 사실은 굉장히 불안정한 건물이지만, 역설적으로 지진에 땅이 요동치더라도 흔들릴지언 정 무너지지 않고 지진파와 친구가 되는 건물이다.

몇 년 전 지진이 천년고도 경주를 덮쳤을 때, 수많은 건물이 흔들리고 무너지면서 엄청난 피해를 보았다. 그런 와중에도 피해 없이 온전히 제 모 습을 간직한 건물은 한옥이었다.

소나무의 강건함이 좋다고 여겨질 수 있고, 상대적으로 갈대의 유약함

포디카드 블록으로 구현한 우주도시

원뿔, 토러스(좌) 준정다면체(우)
2003년 30cm의 긴 프레임으로 지름X3.14(원주율)를 계산하여 만든 구조물

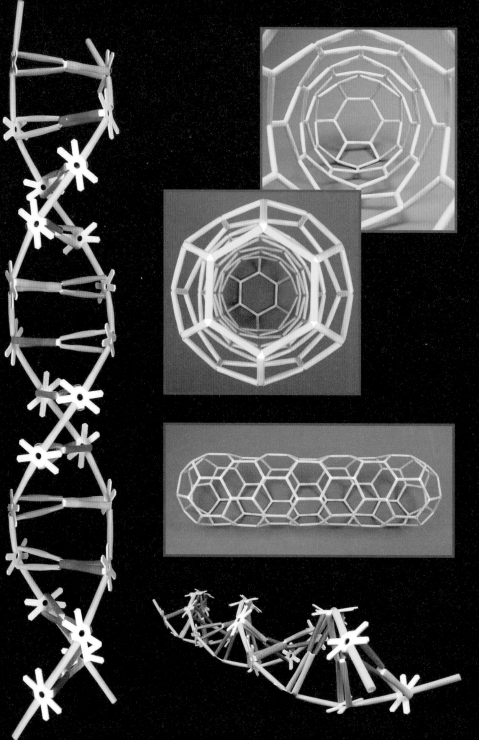

은 좋지 않다고 생각하기 쉽지만, 태풍이나 강한 바람을 만나게 되면 오히려 유연함이 장점으로 작용하기도 한다. 강하기에 태풍에 적응하지 못해 쓰러질 수 있고, 유약하고 흐느적거리기에 강한 바람에도 꿋꿋이 버틸 수 있다.

문제가 없으면 좋지 않게 보이는 면이, 문제가 생겼을 때는 매우 강한 장점으로 승화될 수도 있다. 변화를 고려하지 않은 사물이라면 장점이 단점으로, 혹은 단점이 장점으로 보이기는 어렵지만, 어떤 예기치 못한 상황에서의 순응력을 보는 관점에서라면 소나무와 갈대가 가진 장점을 서로 반대로 해석할 수도 있다.

교구도 마찬가지다. 단단한 재질로 만든 교구는 높이 쌓을 수 있고, 튼튼하게 쌓을 수 있으며, 쉽게 복제할 수 있고, 패턴화된 일정 규칙들을 지속해서 적용하여 꾸준히 생산해낼 수 있다. 하지만 대량으로 생산되고 획일화되어 무한 복제가 되는 단단한 재질의 교구와 같은 현대식 건물이 무조건 좋은 것이 될 수는 없다.

오랫동안 한옥 모형을 만들면서 한옥이 지닌 장점을 자연스럽게 발견할 수 있었고, 그 장점을 교구에 활용하게 되면서 만들어진 것이 4D프레임이다. 탄탄하고 굳건한 소나무보다 흔들리고 부드러운 갈대에 가까운 것이 4D프레임인 것이다.

4D프레임은 태생적으로 수수깡에서 시작되었고, 재료를 만들면서 도움을 받은 것이 빨대였기에 어쩌면 그 유연함과 부드러움이 묻어날 수도 있을 것이다. 그런 재료들에서 도움을 받아 아이들이 쉽게 만들 수 있도록 더 부드럽고 유연하게 만든 것이 4D프레임이다.

## 01-02 **4D프레임의** 시작

4D프레임이 만들어지기 전에 아이들을 만난 것이 4D패밀리블록이었다. 우레탄 소재로 만든 패밀리블록은 봉수대와 전통 문양이 새겨진 고궁 담장에서 떠오른 아이디어로 만든 직육면체 블록이다. 오랫동안 모형을 만들면서 다양한 건물의 축소 모형을 만들었고, 그러는 동안 한옥에 재능을 보이면서 우리나라에서 전통가옥을 모형으로 만드는 일은 최고라는 소리를 듣던 중에 발견한 아이디어가 제품으로 만들어진 것이다. 연갈색과 회색 색감 역시 봉수대와 고궁의 담장에서 착안하여 만들었다.

두 가지 색상인 직육면체 블록은 쌓아가면서 촉각으로 감각과 소근육 발달이 가능케 한 교보재로 만들어졌다. 블록쌓기를 하는 과정에서 인내력과 사물을 구체적으로 살펴보는 집중력이 향상되고, 수·양·크기·형태·넓이·부피 등과 같은 수학적 개념을 발달시킴으로써 정확성과 합리성을 요구하는 수리적 사고력이 높아지도록 돕는다.

아이들은 블록으로 입체적인 모양이나 글자, 평면적인 문양, 그림 등을 표현할 수 있다. 또 도미노 게임과 블록 치기 같은 여러 가지 놀이가 가능하고, 이런 놀이를 혼자는 물론 여럿이 어울려 할 수 있어서 단체 활동에 적용할 수 있는 것 역시 장점으로 꼽힌다.

블록을 활용하여 기본모형과 확장모형, 융합모형 등을 만들다 보면 정역학, 무게중심, 힘의 분산, 중력의 반대 방향으로 쌓으면서 만들어내는 입체적인 모양은 사실을 바탕으로 다양하게 예측한 대로 형태를 완성해나갈 수 있는 창의력을 길러준다.

기본 쌓기, 계단 쌓기, 모아 쌓기, 틀어 쌓기, 지그재그 쌓기, 세워 쌓기, 돌려 쌓기, 교차 쌓기, 비스듬히 쌓기, 기울여 쌓기 등 배열과 쌓기의 10가지 기본원리는 1차원 표현이 가능하다.

기본모형의 특징은 1차원적인 대상물을 패밀리블록으로 조합하면 어떻게 표현되는지 생각해보고, 다양한 1차원적 사고 실험을 통해 형성되는 결과물을 관찰해보고 다양하게 생각할 수 있는 경험을 공유하는 것이다. 두뇌 세포의 활성화를 촉진함으로써 창의적 사고체계를 체득하도록 조건화하고, 특히 두 가지 색깔 조합을 패턴화하여 더욱 풍부한 상상을 전개해 나갈 수 있도록 진행한다. 기본모형에서는 직선과 곡선 표현, 글자와 숫자 표현, 선을 이용한 평면곡선 표현 등을 놀이에 적용하고 있다.

색이 다른 두 가지 블록을 바닥에 단순 나열하는 것으로 시작한다. 직선과 곡선을 표현하는 것을 기본으로 조금씩 변형하다 보면 글자 쓰기와 숫자 쓰기로 발전하게 된다. 또 직선과 곡선으로 표현된 것을 연결하면 삼각형과 사각형, 원형과 오각형 등 다면체로 변이되기도 한다.

이것을 놀이와 연결하면 도미노 놀이와 특정 모형 따라 그리기로 표현되는 외형 표시하기 등도 가능해진다.

기본모형은 확장모형으로 발전한다. 1차원적인 사고가 배열, 패턴, 대칭, 회전 등 다양한 표현방식이 더해지면서 2차원적인 사고로 발전하게 되는 것이다. 아이들은 평면·곡면 등 2차원적 대상물을 상상하고, 기본모형에서 공부해온 1차원 배열을 어떤 식으로 연결해 2차원 모형으로 표현해낼 수 있을지 연구하는 과정에서 다양한 상상력이 생겨난다.

1차원적인 선들의 만남을 다양한 규칙적 배열로 확대하고, 무늬·문양·패턴을 응용하여 좀 더 흥미로운 조합이 가능케 한다. 또 다양하게 표현할 수 있어 도형이나 동물, 문양을 자유롭게 표현할 수 있을 뿐 아니라 새로운 놀이로 확장할 수 있게 된다.

패밀리블록은 평면적 사고에서 공간적 사고로 진화해가면서 다양한 현실적인 모형을 모델화하면서 확장해볼 수 있는 사고 발상 접목이 가능하다. 2차원 구조는 드디어 블록이라는 특수성을 활용하여 3차원 구조로 변이를 시작한다. 다양한 쌓기의 원리를 적용해 다양한 구조물을 만들게

① 2009년 국립과천과학관 테오얀센전에서 4D블록을 하고 있는 필자의 자녀들

② 4D블록으로 만든 도미노

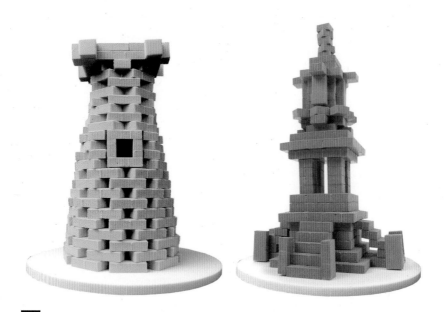

첨성대(좌)와 다보탑(우)
4D스티커를 쉽게 떼고 붙임으로써 창의력과 조작 능력을 향상시킬 수 있다.

되는데, 색깔이 다른 직사각형 블록은 기본 쌓기, 계단 쌓기, 모아 쌓기, 틀어 쌓기, 지그재그 쌓기 등으로 평면을 떠나 입체 구조로 변신한다.

또 다양한 구조물을 만드는 데 세워 쌓기, 돌려 쌓기, 교차 쌓기, 비스듬히 쌓기, 기울여 쌓기 등 여러 가지 쌓기 방식이 활용된다. 이러한 쌓기 방식들을 활용해 피라미드 구조나 항아리 모형, 블록 쌓기, 탑 쌓기, 성 만들기 등 대칭과 비대칭 구조물을 만들 수 있다.

다양한 쌓기 경험은 상상력을 향상하고, 알맞은 조건을 찾아내고 조정하는 조정력과 어떤 사실을 다양하게 적용하는 응용력을 높일 수 있다. 이는 지적 호기심을 자극해 긍정적인 사고 발달에 이바지하고, 블록을 쌓고 부수고 변형시키는 과정에서 통쾌감과 흥분을 주어 스트레스 해소에 한몫한다.

## 01-03 　**단순하게,** 스마트하게

　　변화의 속도는 우리가 상상하는 것보다 더 빠르다. 어린 시절 우리가 상상하던 모든 것이 대부분 현실화되었고, 오히려 그 상상력보다 더 진화된 형태로 발전하는 세상에 지금 우리가 살고 있다.

　　스마트폰이 개발되고, 화려한 스펙을 자랑하는 다양한 전자기기가 쏟아져 나오면서 사람들은 그런 변화에 적응하는 일에 어려움을 겪고 있다. 그러다 보니 나이 든 사람들은 소외감을 느끼기도 하고, 일부러 돈과 시간을 들여 변화에 적응하려는 노력을 아끼지 않는다.

　　이런 시대에서 더욱 빛을 발하는 것이 우리의 한글이다. 우리나라에서 가장 위대한 임금이었던 세종대왕이 만든 한글은 가장 단순한 형태의 문자이지만, 표현에 마지노선이 존재하지 않는 언어다. 실제로 많은 언어학자가 한글의 우수성을 인정했고, 또 몇몇 나라에서 한글을 사용해보려고 시도하고 있다.

4D프레임으로 만든 초기 작품들

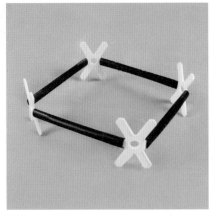
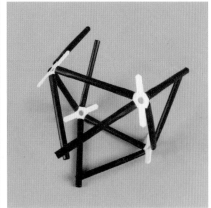

평면적인 사각형(좌)이 다면체 구조물(우)로 확장되고 있다.

　　한국에 정착한 외국인이나 이제 막 한국에서 삶을 시작한 이방인들은 한목소리로 한글의 우수함을 이야기한다. 배우기 쉽고 문자를 보내거나 인터넷에서 사용할 경우 다른 문자에 비해 쓰기 쉽다는 점을 장점으로 꼽기도 한다. 자음과 모음이라는 간단한 조합으로 수많은 언어를 표현할 수 있으며, 소리글자이기에 입에 쉽게 익는 것도 장점이다.

　　한글의 우수성은 시대가 발전할수록 더욱 빛을 발한다. 특히 전자기기들의 성능이 좋아지고 다양한 기기가 늘어날수록 마치 정보화 사회를 예측하고 한글을 만든 것이 아닌가 하는 생각이 들기도 한다.

　　한글의 창제 원리나 한글이 만들어지게 된 배경 등만 보더라도 한글이 얼마나 우수한 글자인지를 한눈에 알 수 있다. 세종대왕은 중국의 어려운 한자에 고생하는 우리 백성을 위한 애민정신으로 한글 창제를 시작했다. 거기서 한 발 더 나아가 이왕이면 쉽게 배우게 하려는 마음을 창제 원리에도 담아냈다.

　　기본 단어를 최소화하고 모음의 경우엔 하늘과 땅, 사람을 상징하는 세 개의 기호로 글자를 만들게 배려했다. 즉 하늘을 상징하는 ·, 땅을 상

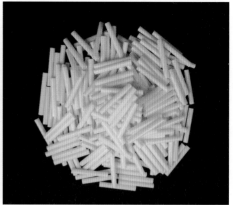

4D프레임을 구성하는 연결발(좌)과 연결봉(우)

징하는 ㅡ, 그리고 사람을 상징하는 ㅣ를 만들어낸 뒤 이것을 이리저리 조합하여 문자가 만들어지도록 구성했다. 이것을 '천지인'이라고 부르는데, 지금 휴대전화를 사용하는 우리가 가장 일반적으로 사용하는 자판 방식이다.

4D프레임을 만들 때, 한글을 만들던 세종대왕의 마음을 생각했다. 백성을 생각했던 세종대왕의 마음, 가장 최소의 기호로 가장 다양하고 많은 글자를 만들어낼 수 있는 과학적인 원리, 그것을 4D프레임에 최대한 반영하려고 노력한 것이다.

시중에 나와 있는 교구들을 살펴보면 생각보다 어려운 것들이 많다. 그런 면에서 보면 4D프레임은 아주 간단하게 만들기가 가능하고 갓난아이들도 흥미를 느낄 수 있도록 만들어진 교구다. 사용자의 나이 구분이 무의미하다고 느껴질 만큼 쉽게 만들 수 있도록 구성되어 있어서 세종대왕의 애민정신에는 못 미칠지라도 그런 마음의 일부는 교구에 고스란히 담겼다고 생각한다.

특히 4D프레임에 한글의 원리가 담겼다고 스스로 자부하는 부분은 바로 작고 간단한 부품으로 엄청난 것들을 만들어낼 수 있다는 점이다. 천지인 세 개의 기호로 수천수만 단어를 자유롭게 만들어내듯이, 연결봉과 연결발 몇 개로 수천수만의 무궁무진한 작품을 만들어낼 수 있다.

　연결봉(tube)과 연결발(connector, bridge)은 부드러운 연질재료인 폴리프로필렌(polypropylene)으로 되어 있다. 아이들이 가지고 놀 때 손으로 느끼는 촉감도 중요하다는 생각에 최대한 부드러우면서도 가벼운 재질을 생각했고, 잘 휘어야 한다는 생각에서 찾아낸 재료가 폴리프로필렌이었

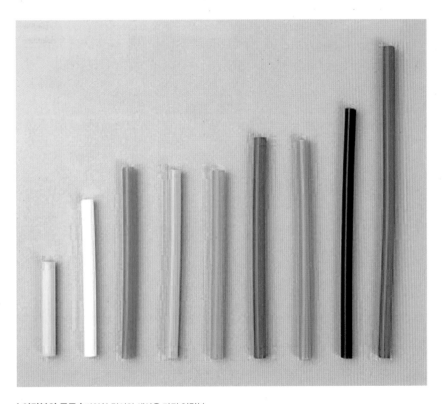

**| 연결봉의 종류 |** 다양한 길이와 색상을 가진 연결봉

| 길이 (cm) | 2 | 3 | 5 | 6 | 7 | 10 | 15 | 30(PE) | 30(PP) |
|---|---|---|---|---|---|---|---|---|---|
| 색상 | 흰색, 검정 은색, 주황 연두, 노랑 파랑, 보라 | 노랑, 파랑 주황, 연두 보라, 초록 흰색, 검정 | 검정, 흰색 노랑 | 파랑, 노랑 연두, 초록 | 주황, 보라 | 주황, 검정 흰색 | 주황 | 노랑, 파랑 초록 | 흰색, 검정 주황, 노랑 초록, 파랑 |

**| 연결봉 배 가르기 |** 연결봉의 배를 갈라 연결봉끼리 연결하여 길이를 자유롭게 사용할 수 있다.

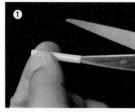

연결봉에 가위를 넣어 끝까지 가른다.

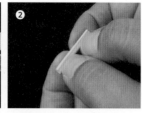

갈라진 한쪽 끝을 손으로 눌러 안으로 들어가게 한다.

배를 가른 연결봉을 가르지 않은 연결봉에 끼운다.

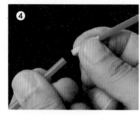

배를 가른 나머지 부분에 다른 연결봉을 끼운다.

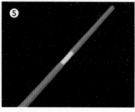

연결봉을 연결한 모습

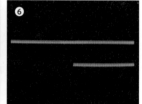

두 배로 길어진 연결봉과 본래의 연결봉 비교

다. 특히 연결봉의 경우 활처럼 휘지만 부러지지 않아야 한다는 의도가 반영되어야 했기에 폴리프로필렌은 가장 적절한 재료였다. 그 덕분에 연결봉의 속은 비어 있어서 가볍고 유연하지만, 부드럽게 휘어지면서도 부러지지 않게 되었다.

연결봉은 4D프레임에서 가장 많이 사용되는 7cm를 기본 길이로 삼고 있다. 이것은 아이들이 무엇인가를 만들었을 때 보기에도 가장 좋고 크기도 가장 그럴듯하게 만들어지기 때문이다. 이 기본 사이즈를 바탕으로 최근에 2cm부터 30cm까지 다양한 길이의 연결봉을 생산하고 있다. 사실 이런 사이즈들이 무의미할 수도 있다. 어차피 자신이 원하는 사이즈에 맞게 자르고 이어 붙일 수 있기 때문이다. 그래서 한 사이즈만 제작해도 되지만, 기준을 만들어주는 것이 더 많은 상상력의 출발점이 될 수 있다는 생각에서 적당한 표준 사이즈를 만들어낸 것이다. 그 길이에 흰색, 검정,

은색, 주황, 연두, 노랑, 파랑, 보라 등 다양한 색깔의 연결봉이 판매되고 있다.

하지만 상황과 필요에 따라 가위나 칼 등 간단한 도구로 길이를 마음대로 조절하여 쓸 수 있다는 기본 전제조건에는 변함이 없다. 즉 사용자의 의도에 따라 길이를 자유롭게 표현할 수 있다. 기존의 정형화된 교구들이 표준화되어 나오고 상황에 따라 길이를 줄이거나 늘일 수 있는 여건이 되지 않기 때문에, 다양한 이미지를 표현할 수 있는 4D프레임의 가장 큰 장점이 된다.

또 연결봉의 배를 가위로 길게 자르면 연결봉의 두께를 줄일 수 있는데 이것을 이용하여 봉과 봉 사이에 끼워 연결할 수도 있다. 이렇게 하는 것은 2발 또는 납작발과는 다른, 나름대로 특별한 효과를 내는 데 쓸 수 있다.

4D프레임에서 연결봉만큼이나 중요하게 사용되는 것이 연결봉과 연결봉을 이어주는 데 쓰는 연결발이다. 연결발을 활용하면 연결봉끼리 자유자재로 이어줌으로써 무엇이든 표현할 수 있다. 현재 연결발은 연결 가능한 개수에 따라 2발, 3발, 4발, 5발, 6발, 8발, 12발, 납작발로 구성되어 있다.

**| 연결발의 종류 |**

| 2발 | 3발 | 4발 | 5발 | 6발 | 8발 | 12발 |
|---|---|---|---|---|---|---|
| | | | | | | |

| 납작발 | 3발 플러스 | 4발 플러스 | U자발 | C자 고리 | 물음표 고리 | 쌍물음표 고리 |
|---|---|---|---|---|---|---|
| | | | | | | |

**| 연결발의 각도 |** 연결발 각각의 발 길이는 1cm다. 각각의 발은 각도를 가지고 있다.

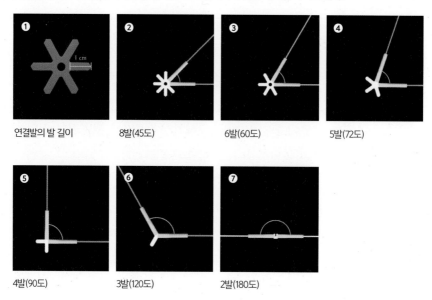

**①** 연결발의 발 길이

**②** 8발(45도)

**③** 6발(60도)

**④** 5발(72도)

**⑤** 4발(90도)

**⑥** 3발(120도)

**⑦** 2발(180도)

　2발의 경우, 두 발이 벌어진 각도는 180도다. 직선에 가까워서 연결봉 두 개를 자연스럽게 이어주는 역할을 한다. 3발은 각 발 사이의 각도가 120도, 4발은 90도로 각도가 달라진다. 즉 발의 개수에 따라 각도가 변한다. 하지만 연결발은 그냥 발과 발 사이의 각도로 작품을 만드는 것에 그치지 않고 발을 위아래로 꺾거나 옆으로 젖히면 발과 발 사이의 각도를 입체적으로 조절할 수 있다. 이런 구조는 작품을 만들 때 생각의 막힘이 없게 하며 다양한 창작 재료로 활용될 수 있게 한다.

　제한된 수의 연결발 외에 추가로 필요한 연결발이 있는 경우에는 직접 가위로 연결 프레임을 잘라서 필요한 개수만큼 발을 얻을 수 있다. 또 연결봉을 활용하여 연결발을 겹쳐서 끼우면, 다양한 개수의 발을 자유롭게 얻을 수 있어 각도를 임의로 자유롭게 표현할 수 있다. 연결발의 각도를 상하좌우로 조절할 수 있다는 것은 연결봉의 표현력을 자유자재로 높여나가는 강력한 힘이 된다.

　부드럽게 구부러지고 쉽게 잘리는 연결발은 적응력이 뛰어나서 발의 개수에 제한받지 않고 상상의 나래를 펼치게 한다. 4발, 6발, 8발은 2발 대신 쓸 수 있으며, 6발은 3발로도 사용할 수 있다. 6발의 발을 하나 건너 하나씩 잘라내면 3발과 같은 모양이 되기 때문이다. 6발과 같은 방식으로 자르면 8발도 4발과 같이 쓸 수 있어 6발과 8발에는 각각 3발과 4발이 2개씩 들어 있는 셈이다.

| **프레임 자르기** | 연결봉과 연결발을 원하는 길이와 모양에 따라 가위로 잘라 사용할 수 있다.

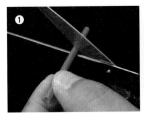

연결봉 자르기

연결발 자르기

6발의 발을 하나 자르면 5발

6발에서 발을 3개 자르면 3발

8발의 발을 하나 자르면 7발

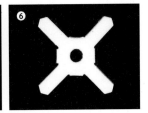

8발에서 발을 4개 자르면 4발

6발을 2개 겹치면 12발을 만들 수 있다.

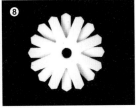

8발을 2개 겹치면 16발을 만들 수 있다.

상황에 따라 8발을 잘라 7발로 만들어 쓸 수도 있고, 6발을 잘라 5발로 만들어 쓸 수도 있다. 이 밖에도 연결발은 상상력이 미치는 범위에 따라 폭넓게 이용할 수 있다. 정해진 틀에서 벗어나 그 범위를 확장할 수 있도록 환경을 구성할 수 있다.

## 01-04    **연결발과 연결봉** 활용하기

    부드러운 재질인 4D프레임은 우리가 상상하는 정형화된 틀을 벗어나기도 한다. 연결봉과 연결발을 활용하여 비정형적인 다양한 곡선과 0~360도까지 자유롭게 각도를 표현할 수 있다. 또 가위 하나로 연결봉과 연결발을 원하는 길이로 자를 수 있고, 연결봉과 연결봉을 이어 붙이고, 연결봉을 구부림으로써 다양한 변이와 표현의 확장이 가능해진다. 이는 상상하고 사고하는 우리들의 이미지를 상황에 따라 유연하게 시각화시켜줄 수 있다. 즉 우리들의 무한한 상상을 현실로 끌어내도록 도와준다.

    이는 우리나라의 보자기 문화와 맥을 같이한다. 보자기는 부드러운 천조각에 불과하지만, 그 쓰임새에 따라 물건을 담는 가방이 되거나 허리를 묶는 끈이 될 수 있다. 또 필요에 따라 바람 부는 날에는 여인의 머리를 감싸서 바람을 피하는 스카프로 활용되기도 한다. 이렇게 사소한 보자기 하

쓰임새가 다양한 보자기처럼 4D 프레임도 상황과 조건에 따라 가장 이상적인 모양으로 변형할 수 있다.

나가 다양한 용도로 쓰이는 것처럼 4D프레임 역시 상황과 조건에 따라 교구의 유연성을 이상적으로 활용함으로써 상상하는 다양한 것을 표현할 수 있는 장점을 갖고 있다.

최근 4D프레임은 다양한 형태로 변화와 발전을 거듭하고 있다. 특히 요즘은 학생들에게 협동, 협력할 수 있는 소통의 도구로 활용되면서 자립심과 협동심을 키울 수 있는 도구로도 활용되기 시작했다. 이는 점점 더 개인주의화되고 혼자 놀기에 익숙해지는 요즘 아이들에겐 필요한 덕목 가운데 하나를 가르쳐주는 가장 훌륭한 교보재 가운데 하나가 되고 있다는 뜻이다.

4D프레임은 가장 적은 재료로 튼튼한 구조물을 만들 수 있다. 가장 적은 재료란 튼튼한 정도에 비해 가장 가볍게 만들 수 있다는 뜻이다. 그중 대표적인 것이 시에르핀스키 삼각형(Sierpiński triangle) 구조물이다. 폴란드의 수학자 이름은 딴 삼각형 구조인데, 시에르핀스키 피라미드라고도 불리며, 집합론과 수론 및 위상수학에 공헌한 바츠와프 프란치셰크 시

에르핀스키(Wacław Franciszek Sierpiński)가 고안했기에 그의 이름이 붙었다. 시에르핀스키 가스켓(Sierpiński gasket)으로도 불리는데, 시에르핀스키는 이것 외에도 시에르핀스키 문제라 불리는 시에르핀스키 상수(Sierpiński constant)를 증명하기도 했다.

시에르핀스키 삼각형을 만드는 방법은 간단하다. 1. 정삼각형 하나에서 시작한다. 2. 정삼각형 세 변의 중점을 이으면 원래의 정삼각형 안에 작은 정삼각형이 만들어진다. 이 작은 정삼각형을 제거한다. 3. 남은 정삼각형들에 대해서도 2.를 실행한다. 4. 3.을 무한히 반복한다. 이것을 무한 반복하면 원하는 결과를 얻을 수 있다.

4D프레임에서는 연결봉과 연결발을 활용하여 13cm짜리 삼각형 구조

4D프레임 다리 위로 무게추를 올리는 아이들

**| 프레임 끼우기 |**
연결봉과 연결발을 가까이 잡고 끼운다.

**| 프레임 끼운 후 모습 |**
연결봉과 연결발을 사진처럼 끝까지 끼워야 한다.

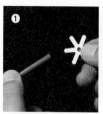
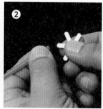

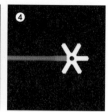

프레임 끼우는 법 ( X )　　프레임 끼우는 법 ( O )　　프레임 끼운 모습 ( X )　　프레임 끼운 모습 ( O )

**| 연결봉 끼우기 |** 연결봉과 연결발을 가까이 잡고 끼워야 한다(바늘귀에 실 끼우는 방법과 같다).

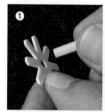

연결발 구멍에 연결봉 끼우기　연결발을 끼운 모습　　연결발 2개를 겹쳐　　연결발을 2개 끼운 모습
　　　　　　　　　　　　　　　　　　　　　　　　연결봉에 끼우기

물을 만들고, 이것이 네 개 모이면 26cm짜리 구조물이 되고, 다시 그것이 모이면 커지고 더 커지는 방식으로 대형 구조물이 만들어진다. 이렇게 6단계를 거치면 높이가 4m 20cm가량 되는 초대형 피라미드 구조물을 만들 수 있다.

　실제로 만들어진 구조물을 보면 그 규모에 놀라지만, 4D프레임 자체가 가볍고 유연한 구조라서 누구나 쉽게 만들 수 있다. 가벼워서 가능한 일이고 유치원에 다니는 아이들이라도 교사들의 지도만 받으면 충분히 만들 수 있다. 이렇게 만들 수 있는 것은 4D프레임이 무엇보다 가벼운 재질로 만들어졌기 때문이다.

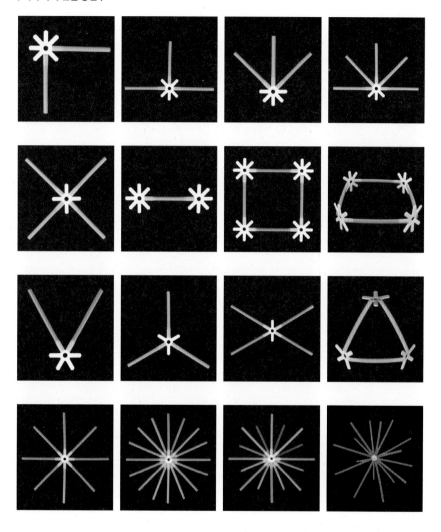

4D프레임이 아닌 다른 재료로도 시에르핀스키 삼각형을 만들려는 시도는 많았다. 운동장에 거대한 도형으로 그리거나, 색종이를 삼각형으로 접은 뒤 계속해서 이어 붙이는 방식으로 시에르핀스키 삼각형을 만들기도 했다. 하지만 운동장에 그리는 방식은 너무나 단순하고 평면적이어서 아

## | 프레임 끼우기 |

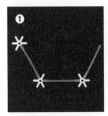

6발 연결발에 한 발 건너 하나씩 연결봉을 끼운다.

①의 세 꼭짓점 모두 한 발씩 건너뛴 삼각형을 만든다.

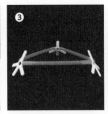

세 꼭짓점 모두 한 발은 위로, 세 발은 아래로 향하게 한다.

③의 위, 아래 남은 모든 발에 연결봉을 모두 끼운다.

②와 다른 삼각형을 그림과 같이 만든다.

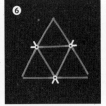

⑤의 한 꼭짓점을 위로 했을 때 팔 벌린 두 발에 연결봉을 끼운다.

④와 ⑥을 합체한다.

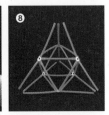

시에르핀스키 1단계 완성! 1단계를 모두 4개 만든다.

합체를 위해 1단계 3개를 그림같이 아래쪽에 놓는다.

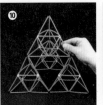

1단계 4개가 배치된 모습.

위, 아래를 6발로 일자가 되도록 연결한다.

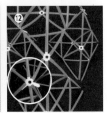

⑪을 위 것은 위쪽 발에, 아래 것은 아래쪽 발에 연결한다.

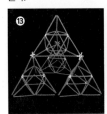

위, 아래를 연결한 모습

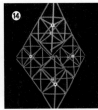

⑬의 아래쪽을 돌려서 ⑪, ⑫와 같은 방식으로 연결한다.

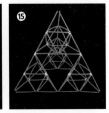

시에르핀스키 2단계 완성! 3,4단계도 똑같이 연결한다.

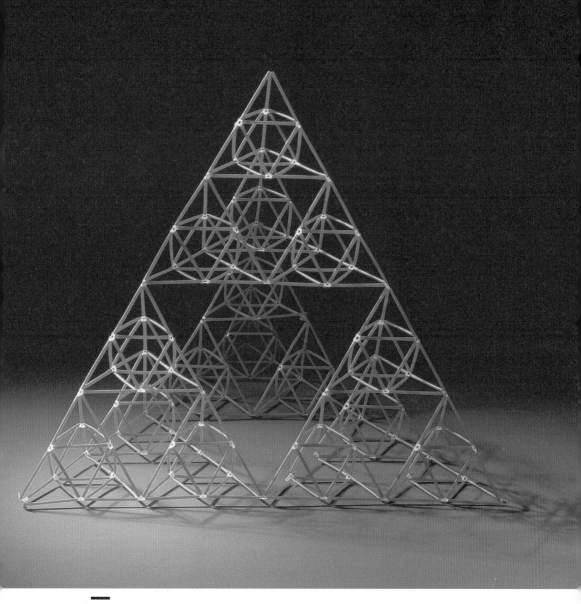

4D프레임 시에르핀스키 피라미드 3단계

이들의 흥미를 끌지 못했고, 색종이는 규모가 커질수록 무게를 감당하지 못하거나 특정 크기 이상을 만드는 데 한계가 있다는 단점이 있었다. 그 외에 다른 재료로 이렇게 만드는 사례들이 간간이 있었지만, 일회성이거나 이벤트로 그치는 경우가 많았다. 4D프레임처럼 누구나 쉽게 접근할 수 있

① 2016년 광화문 어린이날 체험 행사에서 시에르핀스키 피라미드 6단계 완성 모습
②③ 시에르핀스키 피라미드를 협동하여 만드는 아이들

고, 입체 구조물로 안정적으로 만드는 사례는 아직 제대로 만나지 못했다.

한 사람이 하나의 유닛을 만들고 그렇게 만들어진 개개의 유닛을 모아서 하나의 거대한 구조물을 만드는 것을 프랙털(fractal)이라 한다. 브누아

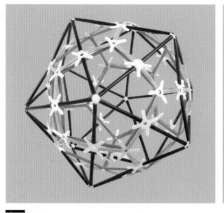
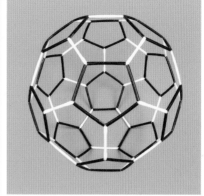

순환다면체(정이십면체 속 정이십면체)

망델브로(Benoit Mandelbrot)가 처음으로 사용한 단어인데, 일부 작은 조각이 전체와 비슷한 기하학적 형태를 가지는 것을 일컫는 말이었으나 지금은 수학적 도형으로도 연구되고 있다. 또 컴퓨터 소프트웨어를 이용하여 반복적으로 작업하여 만들어지는 반복되는 패턴을 총칭하기도 한다.

그렇다 보니 최근에는 아이들이 집단 활동을 통해 즐겁게 어울려서 활동하는 것을 배워갈 수 있고, 함께하는 과정을 거치면서 혼자의 힘은 적을지라도 여럿이 함께 힘을 모으면 큰 힘을 낼 수 있다는 협동심을 배우는 교육 자료로 많이 활용된다.

아이들은 자신들의 힘이 모여 만들어진 대형 구조물을 단지 만든 것에서 끝내지 않는다. 원하는 구조물을 만든 과정과 함께 결과물에서 커다란 성취감을 느끼곤 한다. 자신이 만든 작품이라는 생각에 애착을 느끼고, 새로운 구조물을 만들 수 있다는 자신감을 얻기도 한다. 실제로 구조물을 만든 아이들은 자신의 구조물에 애착을 직접 표현하기도 하는데, 구조물 곳곳에 자신의 흔적을 남기거나 인증사진을 찍어 친구에게 자랑하는 등의 방법으로 성취감을 드러낸다.

또 구조물을 한 번 만들어본 것으로 끝내는 것이 아니라 여러 번에 걸쳐 활용하기도 한다. 마찬가지로 다른 친구들과 또다시 같은 구조물을 만들어보며 더 큰 성취감을 얻기도 한다.

이런 면에서 4D프레임은 정형화된 형상물보다 자유로운 구조물을 표현할 수 있다는 것이 큰 장점이다. 축구공 만들기 과정에서는 제작된 축구공들을 창의적인 구조나 패턴을 활용해 다음과 같이 다양하게 응용해볼 수 있다. 개별적으로 만든 축구공 여러 개를 다양한 방식으로 연결하여 얻은 새로운 모델들에 관해 탐구할 기회를 제공해준다. 개별적인 아이디어를 반영하여 자신의 이야기를 담은 창의적인 작품도 만들 수 있다.

## 01-05      **4D프레임과** 첫 만남

처음 4D프레임을 만나는 아이들은 연결봉과 연결발의 유연성과 가벼운 성질에 놀란다. 그리고 흔히 볼 수 있는 빨대와 같은 구조를 가졌다는 사실에 흥미를 느끼는 아이와 시큰둥한 아이로 자연스럽게 나뉜다. 하지만 만들어볼 수 있는 4D프레임의 구조를 직접 경험하고 하나의 구조물로 만들어나가는 수업을 진행해보면 금세 흥미를 느끼게 된다.

4D프레임은 아이들의 놀이를 통해 자연스럽게 기본적인 수학적 원리뿐만 아니라 다양한 실제 구조물들의 원리를 경험하게 해준다. 특히 다양한 구조를 직접 모델화하는 과정에서 몸으로 체험하고 경험하게 된다.

4D프레임을 처음 접하는 아이들이나 나이가 어린 아이들은 4발로만 구성된 연결발과 연결봉이 가득 쌓여 있는 곳에서 처음 4D프레임을 체험하게 된다. 초보적인 형태의 연결봉과 연결발로 다양한 구조물과 표현물을 만들어보게 하는 것이다. 이를 통해 아이들의 탐구능력을 신장하고, 4D

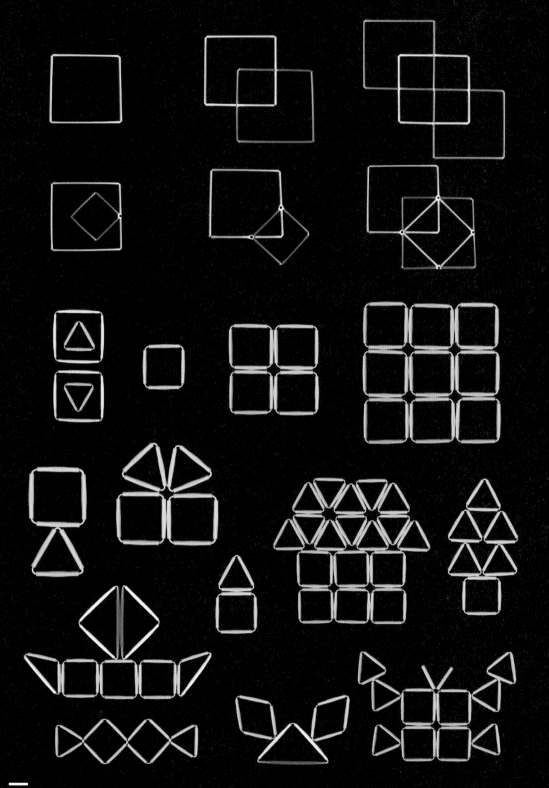

삼각형과 사각형의 조합

프레임을 갖고 놀면서 자신이 원하는 표현물을 만들어가는 과정에서 정서적 교감과 협동심, 인성을 함양하게 된다. 또 자유로운 놀이와 게임, 공통성 탐구 등을 통해 수리과학적 원리를 깨닫는 데도 커다란 도움이 된다.

아이들은 점과 선을 연결하여 다양한 1차원을 표현하고, 1차원 표현물을 엮어서 2차원의 평면프레임을, 다시 그것을 발전시켜 3차원 입체물을 구성해가는 과정을 거치게 된다. 이런 과정은 수학적 추상화 과정을 체득하는 데도 도움이 된다.

아이들이 가장 먼저 만나게 되는 기본적인 구성은 배열, 분류, 측정을 통해 사물의 정보와 성질을 관찰, 비교, 범주화 과정을 구현하는 1차원적 활동이다. 유치원 아이들이 크레파스를 가지고 도화지에 낙서하는 것처럼, 4D프레임의 연결봉을 바닥에 나열하면서 자기만의 낙서를 하는 것이다.

**| 쌍대다면체 구조 |**

 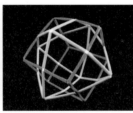 

정사면체와 정사면체　　　　정육면체와 정팔면체　　　　정십이면체와 정이십면체

**| 회전체 구조 |**

원뿔　　　　　　　　　　　원기둥

생각 없이 늘어놓던 연결봉은 선과 선을 연결함으로써 특정한 무늬나 상징을 가진 다양한 곡선과 평면도형을 연출하는 쪽으로 발전하게 된다. 자신의 이름을 쓰는 예도 있고, 나비·리본·별과 같이 단순한 도형을 만드는 일도 있다. 그 과정에서 의미 있는 도형이 만들어지면서 조금은 흥미를 느끼게 되는 것이다.

평면도형은 시간이 지나면서 변주를 거듭하게 된다. 이전의 평면도형에서 또 다른 평면으로 발전하고, 다시 그것은 또 다른 대상과 조합하여 확산하면서 조금씩 이야기를 가진 구조로 발전하게 된다. 그런 과정을 거치는 사이에 아이들은 더욱 흥미를 느끼게 되고, 새로운 도형을 만들 수 있는 상상력이 생겨나기 시작한다. 그리고 평면에 머물던 도형이 입체로 확장하기 시작하고, 3차원 구조를 가지거나 움직이는 구조물로 확대되기 시작한다. 스토리는 더욱 다양해지고, 자기만의 상상력이 덧입혀지면서 친구들에게 자랑할 거리가 생겨나기 시작한다.

바람에 움직이는 장난감이나 바닥을 굴러가는 자동차가 만들어지고, 집에서 키우는 강아지나 공 모양을 본뜬 동그란 구조물이 만들어지면서 아이들은 상상력을 더욱 꽃피우게 된다.

이제부터 아이들은 놀이의 도구로 활용을 시작한다. 단체놀이, 기차 연결, 사다리 만들어보기, 세모와 네모 등 다각형을 활용한 길 건너기, 직선을 변형하여 곡선 표현해보기, 원형 고리를 던져 받기, 기이한 토러스 변형, 다면체 안에 풍선 불어 넣기 등 다양한 놀이가 시작된다.

공 모양으로 만든 구조물은 직접 공놀이로 활용하거나 뫼비우스의 띠를 만들어 시작 지점과 종착 지점을 따라가보는 등 아이들이 할 수 있는 다양한 놀이의 재료로 활용되기 시작한다.

상상력이 풍부한 아이들은 조금씩 변형을 시작하고 더 깊이 있는 구조물로 변화 발전시켜나가면서 어른들도 놀라는 형태의 작품들을 만들어나가기 시작한다.

4D프레임을 활용하여 나타내고자 하는 평면도형의 변의 수만큼 연결봉을 준비하고 각의 개수만큼
2발을 준비한다.

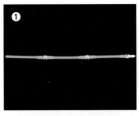

나타내고자 하는 평면도형의 변의 개
수만큼 연결봉을 2발로 연결한다.

연결봉과 연결봉을 연결한 2발을 손으
로 눌러 꺾어준다.

2발을 꺾은 후 마지막 부분을 연결한다.

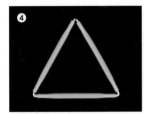

정삼각형(예각삼각형) 구조

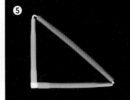

직각삼각형 구조

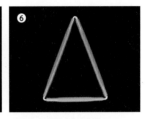

이등변삼각형(예각삼각형) 구조

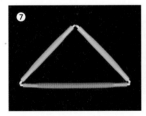

이등변삼각형(둔각삼각형) 구조

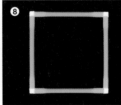

정사각형 구조

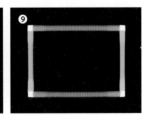

직사각형 구조

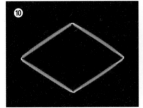

마름모 구조

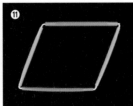

평행사변형 구조

사다리꼴 구조

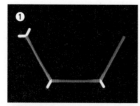

7cm 연결봉과 3발 연결발 3개를 사진처럼 연결한다.

①을 연결하면 삼각형이 된다.

삼각형 각 꼭짓점을 잡고 사진처럼 눌러준다.

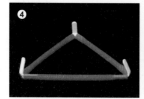

하나씩 남은 발을 안으로 모두 꺾는다.

3발 연결발에 연결봉 3개를 사진처럼 끼워 하나로 모은다.

④와 ⑤를 연결하여 사면체를 완성한다.

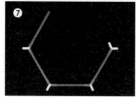

7cm 연결봉과 3발 연결발을 이용하여 사진처럼 연결한다.

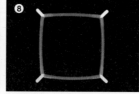

⑦을 연결하여 사각형을 만들고, 각 꼭짓점을 눌러준다.

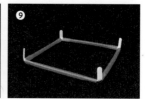

남은 발을 모두 안으로 꺾는다(사각형을 2개 만든다).

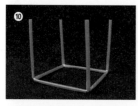

⑨의 사각형 중 하나에 사진처럼 연결봉을 끼운다.

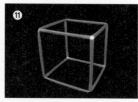

⑨와 ⑩을 연결하여 육면체를 완성한다.

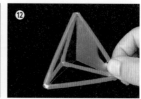

정사면체 구조에 비눗물을 넣어 버블 장력 실험

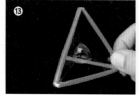

페르마 점(Fermat Point) 이해하기

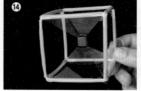

정육면체 구조에 비눗물을 넣어 버블 장력 실험

페르마 점(Fermat Point) 이해하기

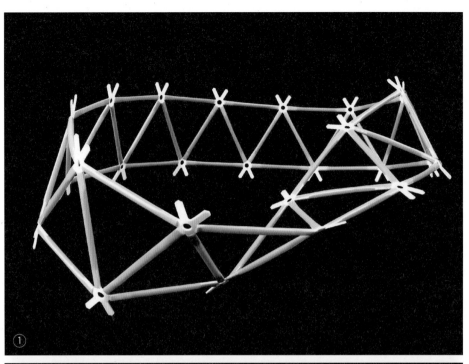

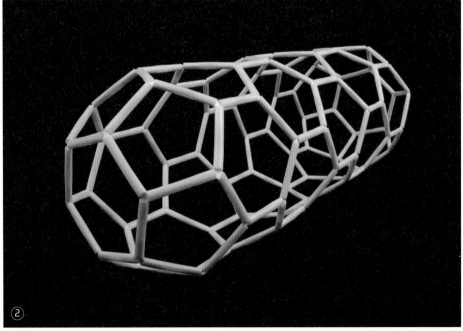

① 뫼비우스의 띠 ② 탄소 나노 튜브

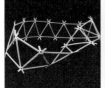
뫼비우스의 띠

다리 역학 구조

클라인 병

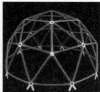
지오데식 돔

지오데식 구

테트라포드

달걀형

별 모아 구

4D왕관

눈꽃송이

탄일종

별 다면체

풀러렌 구조 – 깎은 정이십면체 축구공

미니 축구공

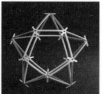
입체 별

육각 별

육각 바구니

탄소 나노 튜브

롤러코스터

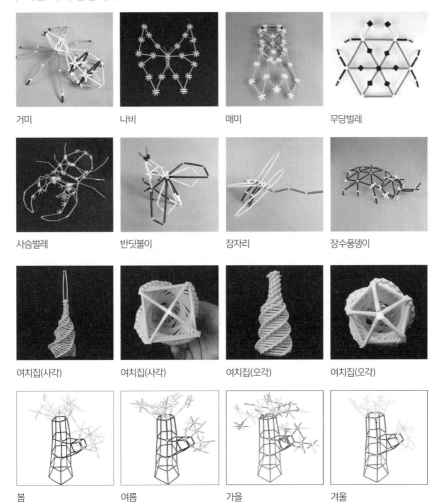

거미    나비    매미    무당벌레

사슴벌레    반딧불이    잠자리    장수풍뎅이

여치집(사각)    여치집(사각)    여치집(오각)    여치집(오각)

봄    여름    가을    겨울

## 신나는 놀이기구

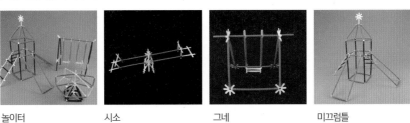

놀이터    시소    그네    미끄럼틀

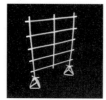
구름사다리

뺑뺑이

회전하는 놀이기구

바이킹

## 운송수단의 발달

지게

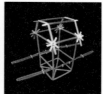
가마

남여

달구지

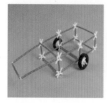
손수레

외발수레

유모차

세발자전거

자동차

트럭

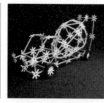
레미콘

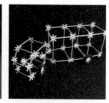
트레일러

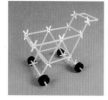
쇼핑카트

싱싱카

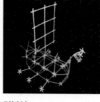
거북선

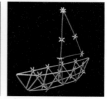
요트

## 01-06 **이해와 응용,** 그리고 확장

점에서 선으로, 면에서 입체로 변형하기 시작하는 기본모형은 다각형에서 다면체로 확장을 시작하고, 삼각형을 기본으로 하던 구조물은 공 모양 구조물을 거쳐 육면체와 다면체로 변형되기 시작한다. 여기에는 연결봉에 4개의 발을 가진 연결발이 사용된다. 점-선-면-입체로 변형해가는 과정을 사고 발상과 접목하여 다양하게 응용하고 간단한 개체를 협동하여 조립해보면서 변화해가는 대상을 관찰하는 과정을 거치는 것이다.

창의적 사고력을 개발하려면 다양한 사고과정을 체험할 수 있는 환경을 접하게 함으로써 두뇌에 신선한 자극을 줄 수 있다. 이를 위해 간단한 모듈이지만 다양한 변화 가능성을 내포한 도구를 활용하여 상상력을 최대한 발휘할 수 있도록 다양한 구성원이 함께 즐겁게 몰입할 수 있도록 안내하는 데 주안점을 두게 되는 교육 과정이다.

아이들의 상상에 따라 4발짜리 연결발을 다양하게 조합하고 그것의 배열과 포갬, 구부림과 패턴화 등 다양한 사고 실험을 통해 변환되는 대상을 관찰하고 소통하면서 두뇌 세포의 활성화를 촉진한다. 이로써 창의적 사고체계를 체득하게 하며, 이 과정에서 자유로운 사고와 도전 등 아이들의 생각과 관점을 최대한 수용한 놀이를 할 수 있도록 배려하고 있다.

## 접히는 육면체 구조 조립과정

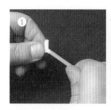

❶ 부드러운 3발 연결발에 연결봉을 살살 돌리면서 끼운다.

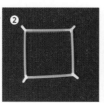

❷ 육면체의 기본도형인 사각형을 만든다.

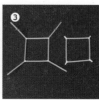

❸ 사각형 2개를 만들고 한쪽만 사진처럼 연결한다.

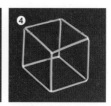

❹ ❸을 연결하여 육면체를 만든다.

❺ 육면체를 손바닥 위에 비틀어 눌러 기본도형 사각형을 만든다.

❻ 육면체의 마주 보는 두 변을 맞붙이면 사각형 2개가 나타난다.

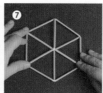

❼ 육면체 대각선의 꼭짓점을 맞붙이면 육각형이 만들어진다.

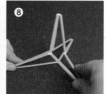

❽ 한 꼭짓점의 모서리 3개를 모아 쥐면 테트라포드가 된다.

## 엇각기둥 구조 조립과정

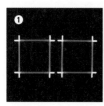

❶ 4발 연결발과 7cm 연결봉으로 사각형 2개를 만든다.

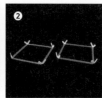

❷ 사각형 각 꼭짓점에 남은 발을 사진처럼 꺾어준다.

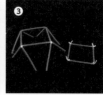

❸ 2개 사각형 중 하나에 7cm 연결봉을 모두 끼운다.

❹ 남아 있는 사각형과 연결하면 사각 엇각기둥 완성!

### | 삼각뿔 구조 전개도 |

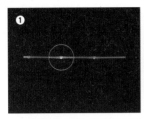

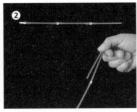

7cm 연결봉을 2발에 사진처럼 끝까지 밀어넣어 끼운다.

7cm 연결봉 3개로 삼각형 1개, 10cm 연결봉 2개, 7cm 연결봉 1개로 삼각형을 만든다.

만들어진 삼각형 4개를 전개도대로 배치한다(전개도 모양은 달라도 된다).

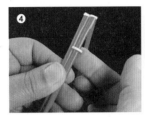

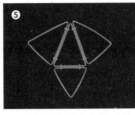

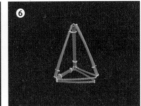

도형과 도형을 맞붙여 C자 고리로 끼워 누르면 기둥처럼 연결된다.

위아래 2곳을 연결하면 삼각뿔 전개도가 완성된다.

삼각뿔 전개도를 접으면 삼각뿔로 변신한다.

### | 사각기둥 구조 전개도 |

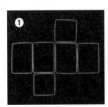

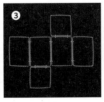

사각기둥 면의 모양대로 만들어 전개도대로 배치한다.

도형과 도형을 맞붙여 C자형 고리를 건다.

사각기둥 전개도 모습

사각기둥 확인!

아이들은 4발짜리 연결발을 활용하여 직선과 곡선, 회전, 교차, 겹침 등을 표현하게 된다. 바닥이라는 평면에 연결발을 늘어놓거나 겹치면서 다양한 상상력을 발휘하게 되는 것이다. 연결발들은 적당한 간격을 유지하거나 서로 교차하고 끼워 맞추는 방식을 거치면서 다양한 도형으로 변신한다.

이것은 다시 입체 구조물로 변형되기 시작한다. 직립, 수직화, 수직적 배열 등을 통해 1차원이던 바닥을 벗어나 2차원적인 입체 구조물로 변형되는 것이다. 연결발을 교차하여 고정된 구조를 만든 뒤 중심을 잡으면 고성된 형태의 입체 구조물로 만들어진다. 아직은 연결봉이 쓰이지 않은 상태여서 조그마한 연결발을 최대한 교차하고 끼워 넣고 여러 개를 촘촘하게 겹치는 방식으로 직립 형태의 구조나 수직 배열이 가능하도록 하는 것이다.

직립과 수직화를 통해 만들어진 구조물은 분포의 활용과 구성성분의 변형을 통해 또다시 진화하기 시작한다. 하나의 구조물이 다른 구조물과 합쳐지거나 겹쳐지는 방식을 거치면서 새로운 구조물로 변이되는 것이다.

이쯤에서 아이들은 연결발의 특징을 스스로 파악하기 시작한다. 끼워 넣고 교차하는 과정을 거치면서 연결발이 쉽게 구부러지고 휜다는 사실을 깨닫게 되는 것이다. 이것은 수직적 패턴을 유기적으로 변형할 수 있게 만든다. 레고나 다른 교보재가 지닌 일반적인 특징은 변화하지 않고 변형할 수 없는 것인데, 이와 달리 아이들이 자유롭게 구부리고 꺾을 수 있는 특징 때문에 상상력이 발휘되기 시작한다. 정형화되어 있던 것들의 변주는 전혀 새로운 형태의 연결발을 만들어낸다.

변형이 가능하다는 사실에서 시작된 아이들의 상상력은 확장되기 시작한다. 특정 모델링, 양감의 분포, 점의 평면화 등으로 발전한다. 연결봉의 쓰임을 조금씩 이해하면서 그것을 응용하는 법을 배워나가기 시작한다.

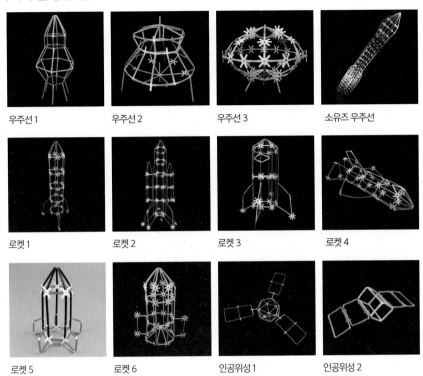

우주선 1    우주선 2    우주선 3    소유즈 우주선

로켓 1    로켓 2    로켓 3    로켓 4

로켓 5    로켓 6    인공위성 1    인공위성 2

생활 속 도구

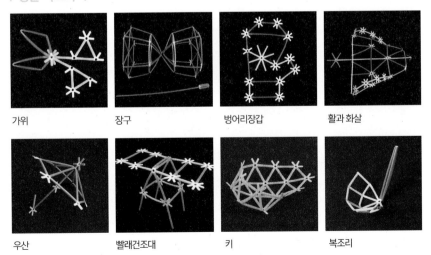

가위    장구    벙어리장갑    활과 화살

우산    빨래건조대    키    복조리

드디어 연결봉이 추가된다. 연결발로 이미 확장을 시작한 상상력은 작품의 확장으로 이어진다. 다양한 변이가 가능했지만, 그래도 어쩔 수 없는 연결발의 한계가 연결봉을 만나면서 다양한 창의적 사고의 접목이 가능해졌다.

연결발이 연결봉을 만나면서 직선적인 연결 패턴을 구현해낼 수 있게 되었다. 연결봉과 연결발이 계속해서 이어지면서 길이가 늘어나고 같은 패턴의 작품을 만드는 일이 가능해졌다.

단지 길이를 늘이거나 동일 패턴을 단순 반복하던 작업은 직선들의 연결과 패턴의 결합과정 등을 거치면서 좀 더 다양한 구조물로 확대되기 시작한다. 또 같은 패턴의 결합뿐 아니라 서로 다른 패턴을 결합해 불규칙한 구조물을 만들어내면서 의외성이 표현되는 모습도 발견할 수 있다.


점들의 개수가 추가되면서 삼각형이 사각형으로, 다시 오각형, 육각형 등 다각형 구조가 만들어진다. 이렇게 만들어진 다각형 구조는 연결봉과 연결발이 하나로 모이면서 더 큰 규모의 다각형이 만들어지고, 겹침·평행·회전·이동을 통해 패턴들은 확장되고 규모는 점점 더 커지기 시작한다.

다각형 구조물은 다시 직선 구조물과 만나 변이를 시작한다. 다각형 구조물이 직선 구조물과 만나면서 3차원 구조물로 발전하고 성장하고 변형되고 확장하게 된다. 이렇게 만들어진 구조물이 모여 하나가 되면 대형 구조물이 될 수 있는 기본 구조물이 되는 것이다.

아이들은 4발짜리 연결발과 연결봉만으로 다양한 평면 구조물에서 입체 구조물을 만들어나가는 과정을 통해 4D프레임을 이해하게 된다. 또 연결봉과 연결발로 안정된 구조물을 완성해가는 과정을 체험함으로써 공간 기하학적 사고 감각을 키우고, 두뇌에 창의적인 발상 환경을 제공하게 된다.

## 01-07 **4D프레임과 만난** 키네틱아트

우리가 흔히 만나는 평면적인 그림과 달리 빛이나 색깔, 형태 등으로 사람의 눈에 착시를 일으켜 환상을 보이게 하는 과학적 예술 방식을 옵아트(Op Art/Optical Art)라 부른다. 옵아트는 평면적 그림이 아닌 역동적인 입체를 보여주는데, 착시와 색채의 변화 등 과학적 요소를 기본으로 하기에 자연과학에 더 가까운 예술로 분류되곤 한다. 여기에서 조금 더 진보된 형태의 예술작품이 키네틱아트(Kinetic Art)다.

옵아트가 작품이 시각적 변화를 나타내려는 것이라면, 키네틱아트는 작품 그 자체가 움직이거나 움직이는 부분을 넣은 예술작품을 뜻한다. 그래서 키네틱아트를 '움직이는 예술'로 번역하기도 한다. 키네틱아트로 표현되는 작품은 대부분 조각이나 입체적인 형태를 하고 있다.

1913년 마르셀 뒤샹(Marcel Duchamp)이 자전거 바퀴를 활용해서 만든 '모빌'이라는 작품을 키네틱아트의 시작으로 보는 것이 일반적이다. 최근에는 다양한 작품으로 표현되는 실제 모빌(mobile) 역시 키네틱아트의 일부로 보는 것이 일반적이다. 아기들의 놀이기구나 다양한 장식용으로 활용되는 모빌은 공기의 흐름이나 형태의 구조에 따라 상하좌우로 움직이며 형태에서 미묘한 변화를 보이는 것이 특징이다. 최근에는 모빌도 예술의 경지에 오를 만큼 발전했고, 그 자체가 움직이는 예술작품으로 손색이 없기에 키네틱아트로 보는 것이다.

4D프레임은 차원과 입체의 경계를 넘어 최근에는 키네틱아트와의 접목을 시도하고 있다. '예술과 공학 사이에 있는 장벽은 우리 마음에서만 존재한다'는 테오 얀센(Theo Jansen)의 말처럼 장벽 없이 모든 것을 소화해내는 아이들의 상상력을 움직이는 동력과 하나로 만드는 작업으로 연결한 것이다.

## 움직이는 조형 – 오토마타 조립과정

물음표 고리와 3cm 연결봉을 사용하여 말을 만든다.

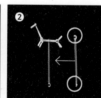

10cm 연결봉에 물음표 고리를 끼우고 말의 허리에 연결한다.

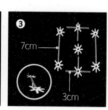

3cm, 7cm 연결봉을 그림처럼 연결하여 꺾는다. (2개)

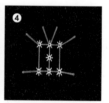

③에서 수직으로 꺾은 연결발에 10cm 연결봉을 끼운다.

④와 나머지 한 개의 프레임을 연결하여 틀을 완성한다.

4발 연결발을 잘라 3cm 연결봉에, 화살표 부분에 납작발을 반 정도 끼운다.

②와 ⑥을 연결하고 표시된 부분에 ⑤의 틀을 끼워 넣는다.

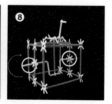

체크된 부분에 3cm 연결봉을 끼우고 화살표 방향으로 돌려본다.

풍차 – 바람을 이용한 대체에너지로 응용(좌)
기어 – 생활 도구 설계에 응용(우)

바람과 물 등 다양한 것에서 동력을 전달받아 움직임을 구현하는 원리를 활용하여 간단한 기어의 움직임, 자동차 변속, 난타, 방아 찧는 기구 등을 만드는 데 활용할 수 있도록 아이들에게 교육하기 시작했다. 이런 작업을 통해 자신만의 키네틱아트를 구현하도록 안내하고, 각자가 만든 키네틱아트 작품을 활용하여 더 거대한 키네틱아트의 세계를 창조하도록 지원하고 있다.

이 작업에는 4D프레임 연결봉과 연결발이 기본적으로 활용되고, 기어의 움직임과 동력 전달로 작동원리를 구현해 자신만의 결과물을 얻을 수 있는 도구가 부수적으로 사용된다. 이때 주로 사용되는 것이 종이컵과 물, 바람을 일으키는 선풍기 같은 도구, 원활한 이동을 위해 필요한 원형 바퀴 등이다. 그 외에도 다양한 재료가 활용된다.

이러한 작업은 다양한 움직임 속에 담긴 기계공학적·구조학적 원리를 수리과학적 원리에 접목해 물·바람 등 지속 가능한 미래를 위한 다양한 에너지를 기술로 결합해 자신만의, 우리만의 창의적인 작품을 발명할 수 있

솔로몬의 재판

오케스트라

백설공주

걸리버 여행기

는 기본 소양을 키워나가게 도와준다는 점에서 의미 있는 작업이다.

실제로 아이들은 연결봉과 연결발, 종이컵 등을 활용하여 만들어진 구조물을 회전시키면서 연결발 끝부분에 연결된 종이컵을 두드려 한 나라의 국가를 연주하는 실로폰 모양 작품을 만들어 해당 국가 방문 때 국가수반을 비롯하여 해당 국가 국민에게 엄청난 감동을 안겨주기도 했다.

연결발과 연결봉으로 움직임을 만드는 구조물은 단순한 조립으로 그치는 것이 아니라 과학적인 사고와 수학적인 계산을 통해 구조물의 원리와 움직임을 충분히 인지해야만 만들 수 있을 만큼 어려운 작업이다.

사우디아라비아 국가를 연주하는 실로폰 형태의 작품을 만들었을 때, 아이들은 해당 국가를 분석하고 어느 시점에서 어떤 음을 두드려야 국가

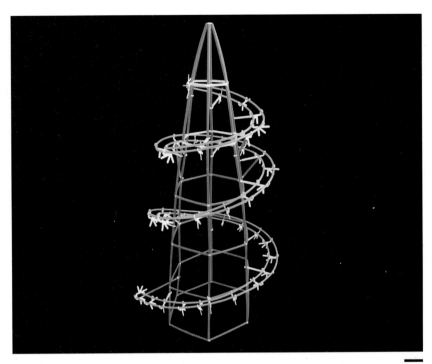

움직임, 낙차, 구조적 안정성 등을 구현하면서 수리과학적 원리를 체득할 수 있는 롤링 볼

가 연주되는지를 철저하게 분석했다. 그뿐 아니라 해당 국가를 이해하기 위해 그 나라의 역사와 문화, 사람의 삶까지 분석하고 이해하는 과정을 거친 것이 알려지면서 더 큰 감동을 안겨주었다.

연결발과 연결봉을 조립하고 분해하는 과정을 수없이 되풀이하면서 한 음 한 음을 찾아나갔고, 결국 정확한 음으로 국가를 연주하는 작품을 완성할 수 있었다.

이런 사례는 무궁무진하다. 이제는 수많은 학교와 아이들이 다른 친구들이 만든 작품을 복제하거나 그동안의 작품을 바탕으로 자기만의 작품을 만들고 있다. 완성되어가는 작품이 늘어갈수록 더 정교해지고 연주되는 곡도 수준 높아지면서 수많은 사람을 감동시키고 있다.

곡을 연주하는 실로폰 구조의 작품에 그치지 않는다. 풍차 형태의 작품

롤링 볼의 기본을 만들고 응용하며 즐거워하는 학생들

을 비롯하여 물을 떨어뜨리면 움직이는 물레방아 형태, 작은 움직임만으로 거대한 구조물이 제각각 다른 움직임을 보이는 기하학적인 구조물, 과학의 원리를 한눈에 보여주는 구조물 등 다양한 작품이 속속 만들어지고 있다.

실생활에서 활용되는 다양한 사물이 축소 모형으로 만들어지는 것에서 그치지 않고 실생활의 움직임을 고스란히 재현해내는 방식으로 만들어지고 있다. 자전거 모양의 작품은 페달을 돌리면 실제 자전거처럼 움직이는 모습을 재현해내고, 풍차나 물레방아가 돌아가면서 방아를 찧는 모양 등도 정교하게 재현해내고 있다.

키네틱아트를 품은 4D프레임은 오토마타(Automata)로 연결되기도 한다. 입력을 받으면 입력한 값에 따라 일정한 움직임을 반복하는 것을 일컫는 오토마타는 같은 작업이 유한 반복되는 키네틱아트를 품은 4D프레임의 다른 이름이다. 4D프레임과 만난 오토마타는 단순 반복하는 작품들이 만나 하나의 이야기를 갖기 시작하는 것으로 영역을 확장한다.

펭귄 모양의 작품은 걸어가면서 입과 날개를 움직이는 모양을 익살스럽게 묘사해낸다. 하지만 단순히 움직이는 키네틱아트 작품에서 그치는 게 아니라, 오토마타를 활용하여 이야기를 만들고 다른 오토마타와 어우러지면서 거대한 서사를 완성하게 되는 것이다.

동화책 한 권을 분석하고 그 안에 담긴 캐릭터들을 키네틱아트로 표현해낸 뒤, 그들이 등장인물이 되는 스토리를 가진 오토마타를 완성해낼 수 있다.

'구르는 공'을 뜻하는 롤링 볼 작업도 가능하다. 키네틱아트에서도 특별하게 대접받는 분야다. 롤링 볼만으로도 박물관이 있고 전문 작가가 있다. 하지만 롤링 볼이 4D프레임을 만나면 누구나 쉽게 작품을 만들 수 있다.

간단한 4D프레임 연결봉과 연결발로 소규모 롤링 볼을 만들 수 있을 뿐 아니라 다양한 형태로 롤링 볼을 각자 제작한 뒤, 제작된 롤링 볼을 협동으로 연결하여 롤링 볼로 이루어진 커다란 놀이동산을 구성할 수도 있다.

롤링 볼로 움직임, 낙차, 구조적 안정성 등을 구현하면서 수리과학적 원리를 체득할 수 있고, 협동하여 창의적인 놀이 구조물을 만들어봄으로써 수리과학적 의사소통력 향상 및 창의 인성 함양이 가능해진다.

**슈퍼 4D프레임과의** 만남

4D프레임이 교육현장에서 활용되면서 최근에는 점점 더 대형화되는 경향이 있다. 다른 놀이 교구들처럼 집에서 혼자 자기가 원하는 사물을 표현하는 것도 가능하지만, 특정 부분을 만들고 각자 만든 작품을 서로 모아 하나의 거대한 작품으로 만드는 일도 가능하기 때문이다. 각자 만든 작은 삼각형을 모으고 모아 하나의 거대한 삼각형을 만들어내는 시에르핀스키 삼각형이 대표적인 사례.

포디수리과학창의연구소에서는 최근 대형화되어가는 작품을 원활하게 반영할 수 있도록 슈퍼 4D프레임 교구를 출시했다. 규격이 더 커지고 튼튼해진 슈퍼 4D프레임은 아이들이 자신의 덩치보다 큰 입체 구조물을 좀 더 쉽게 만들 수 있을 뿐 아니라 만들어진 구조물을 단지 눈으로 보고 가볍게 터치하는 것에서 더 발전하여 굴리고, 던지고, 올라설 수 있게 된다.

2009년 국립과천과학관 테오얀센전에서 두레학교 3학년 학생들이 완성한 시에르핀스키 피라미드

　　입체 구조물 안으로 들어가서 자신이 얼마나 대단한 것을 만들었는지 직접 확인할 수 있어서 아이들의 호기심과 흥미를 유발한다. 그뿐 아니라 다른 아이들의 작품을 보면서 경쟁심과 창의력을 높여갈 수 있고 만들어 가는 과정에서 협동심과 공동체 의식을 길러갈 수 있다.

　　이러한 일련의 과정은 수리과학적 원리가 담긴 다양한 구조물을 단지 이론으로만 학습하는 것에서 한 발 더 나아가 직접 탐색하고 체험하고 경험할 수 있게 한다.

　　실제로 아이들은 대형 구조물의 기본 구조에 담긴 패턴을 활용하여 협동 구조물을 만들고, 그 과정에서 자연에 담긴 수리과학적 원리를 체득한다. 협동 작업을 하면서 마음을 모으는 단합을 체험하고 공동체 의식과 인성을 함양한다는 현장의 목소리를 자주 접하곤 한다.

특히 대형 구조물을 만드는 작업은 대부분 야외에서 진행하는데, 실제로 작업이 이루어지기 전 실내에서 일반 4D프레임으로 소형 구조물을 미리 만들어보고, 그 기억을 바탕으로 야외로 나가 대형 구조물을 만드는 방식으로 학습을 진행한다. 이는 작업 과정에서 발생할 수 있는 오류와 실수를 미리 경험하게 하고, 소형 구조물과 대형 구조물의 차이를 확인할 수 있게 해준다. 따라서 경험이 부족한 아이들도 쉽게 완성도 높은 작품을 만들어낼 수 있어서 성취감을 높일 수 있다.

포디수리과학창의연구소에서도 대형화되는 4D프레임을 좀 더 많은 아

지오데식 돔 2단계

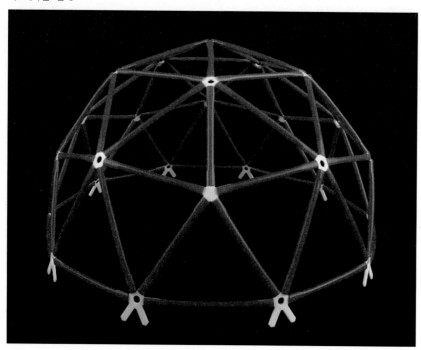

2017년 남아프리카공화국 케이프타운 현지 학생들이 완성한 지오데식 돔 6단계

이가 쉽게 경험할 수 있게 하려고 구조물에 담긴 수리과학적 원리를 설명할 수 있는 이미지나 영상을 인터넷에서 제공하고 있다.

대형 구조물로 가장 많은 사랑을 받는 것은 지오데식 돔(Geodesic Dome)과 와카워터(Waka Water), 박구(Park's Sphere)라 불리는 구형 구조물이다.

지오데식 돔은 미국의 건축가이자 작가·디자이너·발명가·시인인 리처드 버크민스터 버키 풀러(Richard Buckminster Bucky Fuller)가 크로마뇽인의 돔 형태 움막에서 영감을 받아 만들었다고 알려진 구조물이다. 볼록 다면체의 면을 나누어 꼭짓점들을 구면에 투영시키는 방식으로 만든 구조물인데, 모서리를 여러 번 나눌수록 공 형태에 가까워진다. 이렇게 만들어

숙박을 위해 지오데식 돔 2단계를 만들고 있는 스카우트 단원들

진 구형 구조물을 바닥에 설치하기 쉽게 반구형이나 일부가 잘린 구형으로 만드는 것을 통칭하여 지오데식 돔이라 부른다.

만드는 방법은 삼각형을 제외한 모든 면을 면의 중심을 기준으로 이등변삼각형으로 나눈 뒤, 삼각형들의 모서리를 n등분하고 다시 n2개의 작은 삼각형들로 나눈다. 이후 꼭짓점들을 구면에 투영시키면서 점들을 이어 다면체를 만들면 된다. 지오데식 돔은 삼각형 모서리와 면으로 응력을 분산시켜 얇은 껍질만으로도 하중을 지탱할 수 있는 것이 특징인데, 이 때문에 4D프레임으로 만들 수 있다.

지오데식 돔의 거대한 반구형 구조는, 아이들에게 수리과학적인 원리를 설명해줄 수 있을 뿐 아니라 천문과 관련된 구조물과의 유사성 덕분에

별자리를 공부할 수 있는 대체재로도 사용할 수 있다. 지오데식 돔으로 점과 점 사이의 연결, 기하학적 패턴에 관한 연구 등을 할 수 있고, 수학적 탐구와 남반구·북반구의 별자리, 계절별 별자리 등을 학습할 수 있는 별자리 연구 돔 등으로 활용되는 것이다.

또 다른 용도로 활용되는 것이 낮과 밤의 기온 차를 이용하여 물을 만들어내는 와카워터(Waka Water)를 만드는 것이다. 물이 턱없이 부족한 아프리카에서 식수 문제를 해결하기 위해 우물을 파거나 펌프를 설치하는 등의 방식을 선택하지만, 비용이 많이 들고 시간과 인력 소모가 많은 것이 단점이다. 이런 어려움을 알게 된 이탈리아의 디자이너 아르투로 비토리

정이십면체, 깎은 정이십면체, 삼각뿔로 덮인 정이십면체

정이십면체, 정이십면체 전개도

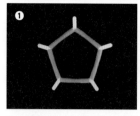

3cm 연결봉과 3발 연결발로 오각형 12개를 만든다.

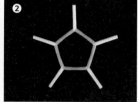

오각형 하나에 3cm 연결봉을 연결한다.

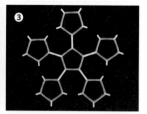

②의 연결봉에 오각형을 연결한다.

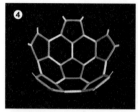

오각형과 오각형을 3cm 연결봉으로 연결한다.

④를 두 개 만들어 한쪽(A)에만 3cm 연결봉을 모두 연결한다.

⑤의 (A)와 (B)를 연결하면 축구공이 완성된다.

(Arturo Vittori)가 이슬을 모아 물을 만드는 9m 높이의 탑을 만든 것이 와카워터다.

　실제로 와카워터를 설치할 경우 50만 원이라는 적은 돈으로 10년 치 식수를 모을 수 있다고 알려지면서 아프리카 지역에서 물 부족 해결책으로 제시되고 있다. 와카워터는 아프리카에서 흔히 구할 수 있는 골풀의 줄기를 엮어 만든 틀 안에 나일론 등의 소재로 된 그물을 매달아놓은 구조다. 이렇게 하면 차가운 공기가 모이면서 이슬이 맺히게 되고, 그것이 아래로 흘러내리면서 아래쪽에 있는 물통에 물이 고이는 방식이다. 물이 아래로 잘 흘러가도록 위는 좁은 원통형이고 아래로 갈수록 조금씩 넓어지는 구조인데, 경주에 있는 첨성대와 비슷한 형태다. 이런 구조물 하나에서 하루 동안 만들어지는 물의 양은 100리터가량인 것으로 알려졌다.

선물용 미니 축구공 구조(좌), 놀이수학이 가능한 미니 축구공(우)

슈퍼 4D프레임은 와카워터를 만들기에 가장 적절한 재료로 밝혀졌다. 실제로 아프리카 지역에서 슈퍼 4D프레임으로 와카워터를 만들어 물을 생산하는 실험을 몇 차례에 걸쳐 실시한 바 있다.

아이들은 자신의 키 높이에서 만들 수 있는 크기로 와카워터를 만든다. 아이들이 협동해서 만들 수 있는 높이는 2미터가량이고, 조금 더 의욕이 넘치는 아이들은 더 높게 와카워터를 만들기도 한다.

다른 하나는 4D프레임 사용자들 사이에 박구(Park's Sphere)라고 불리는 정이십면체 구조물이다. 일반적인 정이십면체는 한 개의 꼭짓점에 다섯 면이 만나고, 20개의 정삼각형 면으로 이루어진 3차원 정다면체를 일컫는다. 아데노바이러스를 비롯하여 많은 종류의 바이러스들이 정이십면체 모양이라고 알려져 있다.

박구는 거기서 조금 더 진보해 공 모양을 한 작은 정이십면체를 일컫는다. 4D프레임을 조몰락거리다가 오각형과 육각형을 얼기설기 엮는 과정에서 공 모양이 만들어지면서 발견되었다. 신기하다는 생각이 들어 서울대학교를 찾아가 수학 관련 교수에게 상담을 요청했지만 제대로 된 답변을 들을 수 없었다. 오히려 다른 교수를 추천해주는 것에 실망한 뒤 교수에 대한 믿음을 잃고 혼자 연구를 시작했다.

연구하는 과정에서 정이십면체의 각 꼭짓점을 잘라내어 만든 다면체 구조라는 사실을 알게 되었다. 그리고 이런 구조를 풀러렌(Fullerene)이라고 부르며, 1985년에 처음 발견되었다는 사실도 알게 되었다. 풀러렌은 흑연 조각에 레이저를 쏘았을 때 남은 그을음에서 발견된 완전히 새로운 물질인데, 탄소 원자 60개가 결합하여 이루어진 구조로 알려졌다. 이론으로만 공부했더라면 발견이 쉽지 않았겠지만, 4D프레임으로 다양한 실험을 하는 과정에서 자연스럽게 풀러렌 구조에 접근하게 된 것이다.

이후 기회가 있을 때마다 풀러렌 구조를 만들다 보니 사람들에게 알려지기 시작했고, 내가 만들어낸 생소한 구조물을 외국 학자들이 자연스럽게 '박구'라 이름을 지어주면서 이제 4D프레임 사용자들 사이에서 자연스럽게 불리고 있다.

풀러렌 구조로 만들어진 4D프레임 완성품은 실제 축구공을 닮았다. 그래서 아이들은 작품을 완성한 뒤 실제 공놀이에 활용하기도 한다. 또 인터넷 사이트에는 저마다 방식으로 박구를 완성한 뒤 사용한 재료와 개수, 만든 과정 등을 소개하는 다양한 글이 올라와 있다.

## 01-09 움직이는 4D프레임

4D프레임은 기존의 연결봉과 연결발에 바퀴와 납작발, 4발 플러스, U자발 등이 더해지면서 상상력이 더 넓고 깊어졌다. U자발에 연결봉과 바퀴가 더해지면서 움직이는 자동차를 비롯하여 집게발·투석기 등 움직이는 교구들이 만들어지기 시작했다.

축을 중심으로 빙글빙글 돌아가는 톱니바퀴형 구조가 만들어지면서 두 톱니가 맞물리는 방식으로 기어를 재현해내자 생각하지 못한 작품들이 쏟아져 나오고 있다. 하나의 축을 기준으로 힘을 가하면 반대편 구조가 움직이는 방식으로 힘을 다양하게 변형할 수 있고, 이로써 다양한 사물의 모형을 만들 수 있게 되었다.

반대쪽에 가해지는 힘도 손가락으로 당겼다 밀기를 반복하는 것은 물론 눌렀다가 놓거나 원형으로 돌리는 방식으로 운동에너지를 전달하기

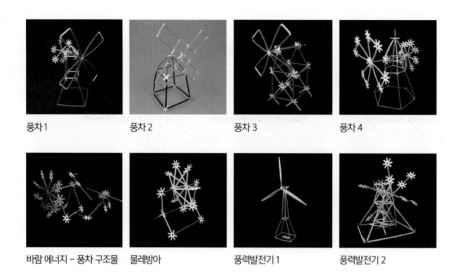

풍차1　　　　　풍차2　　　　　풍차3　　　　　풍차4

바람 에너지 – 풍차 구조물　물레방아　　　　풍력발전기1　　　풍력발전기2

도 한다. 또 손의 힘뿐 아니라 물과 바람의 영향으로 움직이는 구조도 만들수 있게 되었다. 이러한 작업을 하려면 연결봉과 연결발이라는 기본 재료에 가위, 연필, 연결고리, 연결기어, U자 고리, 바퀴 등의 재료가 모두 다 쓰인다.

　이들 재료를 활용하면 단순히 움직임만 만들어내는 가장 기본적인 모형에서 움직임을 디자인하여 하나의 구조를 가지는 작품으로 만들어내는 확장모형, 소리를 디자인하여 움직임이 곡을 연주하는 방식으로 진행하는 융합모형까지 가능해지고 있다.

　기본모형은 물이나 바람, 손의 움직임만으로 간단한 움직임을 보여주는데, 가장 일반적인 것이 바람개비나 시소 등이다. 아이들은 바람개비를 만들면서 물체에 바람이 미치는 영향이나 원리를 깨닫게 된다. 또 바퀴를 활용하여 운송수단이나 자동차 모형도 만들 수 있다. 무동력 자동차는 손으로 밀면 굴러가는 기본적인 모형이며, 연결봉과 바퀴의 유기적인 조합으로 부드럽게 굴러간다.

　바퀴의 용도가 다양화되고 기술이 발전하면서 자동차는 생활에 없어

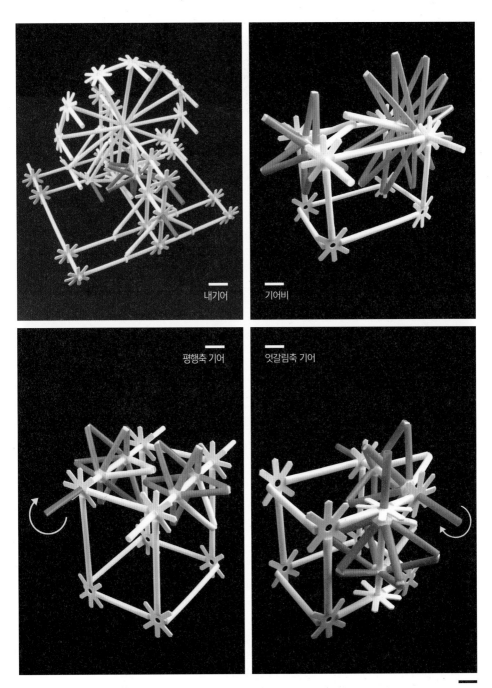

내기어

기어비

평행축 기어

엇갈림축 기어

생활에 필요한 도구를 만들어내기 위해 기어들을 다양하게 응용하는 단계서는 안 될 중요한 필수품으로 자리 잡았다. 역사 속 다양한 바퀴 활용을 통해 미래 자동차의 변화를 상상하며 직접 자동차를 제작해볼 수도 있고, 자기만의 자동차를 만들어 다른 친구들과 경주를 할 수도 있다.

유니버설 조인트(universal joint)는 축과 축 사이에 + 모양의 베어링이 들어 있어서 두 축이 수평이 아닌 편각이 생긴 경우에 유연하게 회전력을 전달하는 데 사용된다. 움직임을 디자인하는 확장모형은 생활 속 다양한 상황에서 활용되는 유니버설 조인트의 예를 통해 그 원리를 이해하고 직접 제작해보는 것이다. 이러한 과정을 거치면 바람이나 물의 힘을 이용하는 물레방아나 집게발, 투석기 등 단순한 동작으로 상하운동이나 좌우운동이 반복적으로 일어나는 작품을 만들게 된다. 또 작은 힘으로 큰 동작이 연결되는 작품들도 만들 수 있는데, 투석기와 오토마타 등이 이런 과정을 거치면서 완성된다.

작은 톱니바퀴의 회전이 전체 축의 회전으로 연결되고, 다시 그 힘으로 커다란 원형 구조물이 움직이는 것을 보면서 위치에너지가 운동에너지로 변화하는 과정을 직접 눈으로 확인할 수 있다.

이들을 모두 거치면 소리를 디자인하는 융합 과정과 만나게 된다. 대사가 따로 없이 각종 사물을 두드려 음정과 박자를 맞춰 흥을 돋우는 비언어적 공연인 넌버벌 퍼포먼스(non-verbal performance) 난타에서 착안하여 4D프레임으로 만들어진 구조물 아래 종이컵을 비롯하여 두드리면 소리가 나는 각종 사물을 놓고 소리를 내는 작품을 만드는 것이 융합모형이다.

융합모형은 연결발과 연결봉을 활용하여 뮤직박스를 만드는 과정이다. 처음에는 한두 마디 가볍게 두드리는 간단한 작품에서 시작하지만, 만들다 보면 조금씩 변형을 가하게 된다.

움직이는 4D프레임은 양쪽으로 물체의 균형을 잡아주는 양팔 저울이나 지렛대의 원리를 배울 수 있는 집게발, 쓰레기통 등도 만들 수 있다.

받침점을 기준으로 거리가 멀고 가까움을 통해 무게를 인식하는 정도

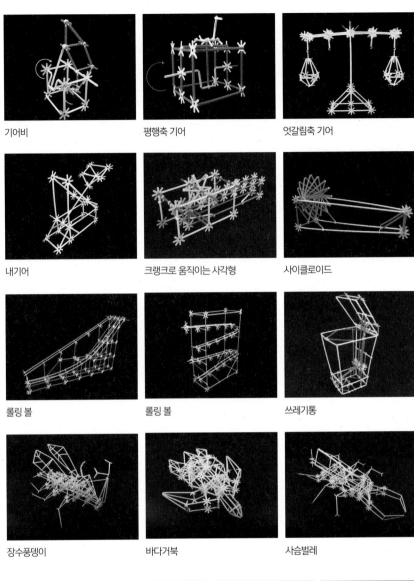

기어비

평행축 기어

엇갈림축 기어

내기어

크랭크로 움직이는 사각형

사이클로이드

롤링 볼

롤링 볼

쓰레기통

장수풍뎅이

바다거북

사슴벌레

거중기

유니버설 조인트

복합 도르래

고정 도르래

가 달라지는 저울로 무게의 개념과 양팔 저울의 측정 원리를 배울 수 있다. 늘어났다 줄어들기를 반복하거나 아랫부분을 누르면 뚜껑이 열리는 쓰레기통 모형의 경우는 모든 도구와 기계의 과학적 원리 중 가장 기본적인 지렛대 원리를 직접 배울 수 있는 구조물이다.

이 과정을 좀 더 심화해나가면 기어의 톱니 위치에 따라 톱니가 외부에 있으면 외기어, 내부에 있으면 내기어로 변하는 자동차 기어의 원리와 각각의 기어에 따라 축의 회전 방향이 달라지는 것을 배울 수 있다. 이 때문에 자동차 운전에 익숙해지기 전까지 많은 사람이 궁금해하는 전진과 후진이라는 서로 다른 방향으로 진행되는 자동차 기어의 개념을 이해할 수 있게 된다.

## 01-10     **진화하는** 4D프레임

　정보를 주고받는 것은 물론 개발하고 저장, 처리, 관리하는 데 필요한 모든 기술을 일컫는 IT(Information Technology)가 우리 생활 깊숙이 자리를 잡은 지 오래다. 이제 IT는 통신 기술(Communication Technology, CT)과 합쳐지면서 ICT(Information & Communication Technology)로 진화했고, 각종 사물에 센서와 통신 기능을 내장하여 인터넷에 연결하는 사물인터넷(Internet of Things, IoT)으로 진화 중이다. 이제 목소리로 TV와 전원 장치는 물론 차량을 제어하는 수준에 올라섰다.

　ICT는 정보기기의 하드웨어와 이들 기기의 운영 및 정보 관리에 필요한 소프트웨어 기술과 이들 기술을 이용하여 정보를 수집, 생산, 가공, 보존, 전달, 활용하는 모든 방법을 의미한다.

　최근 4D프레임도 진화를 거듭하고 있다. 사람의 손이나 바람, 물의 힘으로 동력을 전달받고, 그 힘으로 움직이거나 소리를 내던 방식에서 한 발

4D프레임에 기계·전자공학 기술을 접목한 4D메카트로닉스(Mechatronics)는 신기술이 덧입혀진 융합창의교구로 각광받고 있다.

더 나아가 동력을 가진 재료들과 결합하기 시작했다. 이름하여 4D메카트로닉스(Mechatronics)다.

4D프레임에 ICT 기술을 더해 융합 프로그램과 혼용하여 만든 4D메카트로닉스라는 이름은 기존의 4D프레임 작품들이 손으로 밀거나 굴리거나 돌리는 방식이었다면 기계와 전자공학이라는 기술이 접목을 시작한 것이다. 이름도 Mechanics(역학)라는 단어에서 따온 Mecha와 Electronics(전자)에서 따온 tronics의 합성으로 만들어졌다. 특히 최근 스마트폰이 발전하면서 제어와 운용 전반에 스마트한 신기술이 덧입혀지고 전동모터나 드론 등의 기술들이 어우러지기 시작했다.

가장 먼저 시작한 것은 전동모터와 4D프레임을 접목해 만든 전동자동차다. 점과 선의 만남으로도 표현되는 4D프레임의 전동자동차는 만드는 과정에서 즐거움을 느낄 수 있을 뿐 아니라 만든 뒤에 성취감과 직접 작동되는 희열을 동시에 느낄 수 있는 작품이다.

전자회로로 구성된 전동모터와 4D프레임 구성은 IT융합수업의 교구로 활용되고 있으며, 만들고 완성하고 운용하고 활용하는 전 과정이 하나의 이야기를 만들어내면서 스토리텔링 수업에서도 맞춤 교구로 쓰이고 있다.

또 전동자동차는 개별적으로 만드는 것에서 그치지 않고 각자 만든 자동차를 활용하여 4D메카트로닉스 축구경기에 활용하면서 협력과 소통을 배울 수 있는 교구로도 쓰인다. 하나의 작품을 만드는 것일 뿐이지만, 공학·수학·과학 원리를 두루 배울 수 있는 체험과 경험 수업이 가능한 교구이자 창의·인성 수업을 가능케 하는 교구여서 특히 인기가 높다. 최근에는 전국으로 광범위한 축구경기가 열릴 만큼 사용자가 늘어나고 다양한 방법으로 활용되고 있다.

4D메카트로닉스라는 이름을 달고 나온 자동차는 현재 두 번째 버전까지 출시되어 있다. 4D메카트로닉스 버전 2는 안드로이드폰이나 아이폰에서 애플리케이션을 내려받으면 스마트폰으로 제어할 수 있다.

이제 4D프레임은 드론과 접목되기 시작했다. 드론에 4D프레임을 접목해서 작품이 완성되면 직접 하늘을 날아다니는 4D프레임을 만들고, 그것을 또 다른 방향으로 활용할 수 있게 된 것이다.

드론의 날개가 잘 부러지는 것을 방지하기 위해 날개 옆으로 덧대는 보호용 프레임을 개발해 드론 전체를 연결봉과 연결발을 활용하여 커다란 보호용 모형을 만들 수 있다. 실제 제품으로 나온 것에 그치지 않고 4D프레임 제품만으로 보호용 프레임을 만들 수 있는 것이다.

드론보다 큰 프레임을 감싼 드론은 하늘을 자유롭게 날 수 있을 뿐 아니라 충격에서 드론을 보호한다. 물론 그렇게 날아다니는 드론은 게임과 경기 등 다양한 분야에서 응용할 수 있다. 실제로 최근 드론을 4D프레임과 접목해 축구경기를 할 수 있는 시스템을 만들었다. 이를 통해 전국뿐만 아니라 세계의 많은 나라를 상대로 드론 축구대회를 개최할 예정이다.

또 4D프레임에 태양광을 접목하는 시도 등 4D프레임을 새로운 기술과 접목하여 새로운 방향으로 변화 발전하려는 노력이 지금도 계속되고 있다. 4D프레임의 무한한 가능성은 아직도 다 발견되지 못했기에 오늘보다는 내일이 더욱 기대된다. 어떤 새로운 모습으로 4D프레임이 우리 앞에 놀라움을 안겨줄지 기다려진다.

사진으로 보는
4D프레임과 박호걸

1963년 필자의 돌사진

1978년 친구 김정권과 함께

2001년 아들 삼 형제가 나란히 앉아 있는 모습

2000년 독립기념관에서 가족들과 함께

2011년 6월 가족들과 함께 한계령에서

2007년 대한민국발명특허대전에서 금상을 수상했다.

2009년 두레교회 수업 후 아이들과 함께

2010년 과천과학관에서 키네틱아트 조각가 테오 얀센과 함께

2013년 미국 아이오와주립대학교와의 교류 협약 체결

2014년 포디랜드를 방문한 중국 사천 메이시국제학교 관계자들과 함께

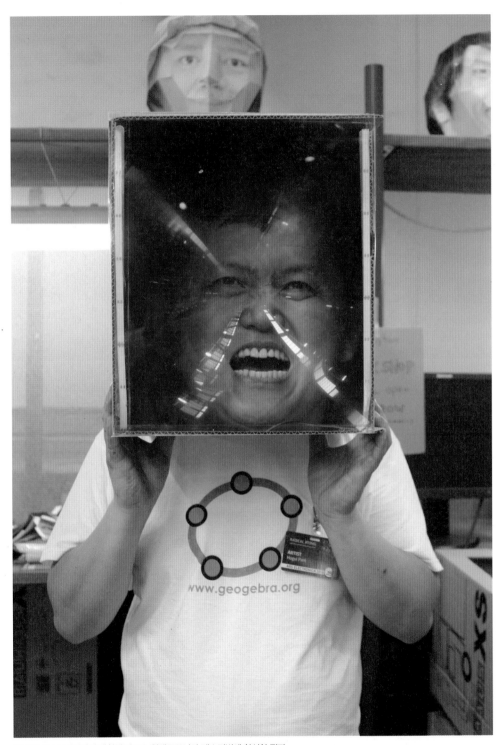

2016년 오스트리아에서 개최된 아르스 일렉트로니카 페스티벌에 참석한 필자

<김영세의 기업가정신 콘서트>는 국내 중소기업 대표들의 경영 노하우와 철학을 널리 알리고자 한국경제TV가 주최하는 방송 프로그램으로, 필자는 2016년 11월 시즌2 1회 강연자로 초청되었다.

▲ 사회를 맡은 (주)이노디자인 김영세 회장과 기업가정신에 대해 이야기를 나누고 있는 필자

◀ 필자는 4D프레임의 무한한 가능성을 '갈대에서 얻은 지혜'라는 주제로 강연했다.

2016년 오스트리아 아르스 일렉트로니카 페스티벌에서 직접 4D프레임을 시연하고 있는 필자

2017년 남아프리카공화국 케이프타운에서 열린 오픈디자인 아프리카 행사에서 크리스토프 교수, 행사 기획자 수네와 함께

2017년 캐나다 브리지 콘퍼런스에서 졸트 교수와 함께

2017년 이스라엘 네기브 사막에서. 왼쪽부터 필자, 크리스토프 교수, 노아 교수, 졸트 교수, 그리고 맨 앞은 보츠 소년

2018년 브리지 콘퍼런스 프로그램인 패밀리데이에서 4D프레임을 체험하는 스웨덴 가족들

2018년 스웨덴 워크숍에서 4D프레임으로 만든 물레방아를 시연해 보이는 필자

스웨덴 국립기술과학박물관 숍에서 판매하고 있는 4D프레임 교재